U0960716

“十二五”职业教育国家规划教材

财政部规划教材

全国中等职业学校财经商贸类教材

成本业务核算实训与练习

杨桂花　张国伟　主编

中国财政经济出版社

图书在版编目（CIP）数据

成本业务核算实训与练习／杨桂花，张国伟主编．—北京：中国财政经济出版社，2016.7
“十二五”职业教育国家规划教材　财政部规划教材　全国中等职业学校财经商贸类教材
ISBN 978－7－5095－5332－9

Ⅰ．①成…　Ⅱ．①杨…　②张…　Ⅲ．①企业管理－成本计算－中等专业学校－教学参考资料　Ⅳ．①F275.3

中国版本图书馆 CIP 数据核字（2014）第 074643 号

责任编辑：张　军　　　　责任校对：杨瑞琦
封面设计：汪俊宇　　　　版式设计：董生萍

中国财政经济出版社 出版

URL：http：//www.cfeph.cn
E－mail：cfeph@cfeph.cn

社址：北京市海淀区阜成路甲 28 号　邮政编码：100142
营销中心电话：88190406　北京财经书店电话：64033436　84041336
北京财经印刷厂印刷　各地新华书店经销
787×1092 毫米　16 开　9.5 印张　216 000 字
2016 年 7 月第 1 版　2016 年 7 月北京第 1 次印刷
定价：23.00 元
ISBN 978－7－5095－5332－9/F·4309
（图书出现印装问题，本社负责调换）
质量投诉电话：010－88190744
打击盗版举报热线：010－88190492、QQ：634579818

编写 说明

本书是“十二五”职业教育国家规划教材、财政部规划教材，作为全国中等职业学校财经商贸类专业教材使用。

本书适用于中等职业学校、职业高中财经类专业的教学，也可作为在职人员岗位培训及广大财会人员工作实务的参考用书。

为了使学习者能更好地掌握成本会计知识，提高实际操作能力，我们依据《企业成本核算》的教材体系和内容，分单元编写了单项选择题、多项选择题、判断题、实训题、案例分析题，各类习题的设计力求突出重点和难点，体现知识的科学性和系统性。另外，为便于检验学习效果，我们还编写了模拟试题、综合实训与练习题，并在大量业务中采用了具体的企业名称、产品名称、材料名称，目的在于通过仿真的业务演练，增强学生的感性认识，帮助学习者更加透彻地理解所学的相关内容，提高其解决实际问题的能力。

本书由三门峡市财经学校杨桂花、云南曲靖财经学校张国伟担任主编。参加编写的有三门峡市财经学校王亚斌（单元一）、三门峡市财经学校杨桂花（单元二、单元三、单元四中的任务一）、三门峡市财政局李世康（单元四中的任务四、模拟试题、综合实训与练习题及各单元的案例分析题）、云南曲靖财经学校张国伟（单元四中的任务三、单元六、单元七）、云南曲靖财经学校田园（单元四中的任务二、单元五）。杨桂花负责全书的统稿工作。

本书附有参考答案，用书学校任课老师若有需要，请以电子邮件的形式向中国财政经济出版社索取（注明学校、全书名），E - mail：caijingjiaocai@ 163. com。

由于作者水平有限，加之时间仓促，书中难免会有疏漏和不妥之处，敬请读者批评指正。书中各模拟企业的名称、工作人员姓名均为虚构，如有雷同，纯属巧合。

编　者

2016 年 1 月

目 录

第一部分
1 课后练习

单元一
总　论

一、单项选择题

1. 成本的经济实质是(　　)。
   A. 生产经营过程中所耗费生产资料转移价值的货币表现
   B. 劳动者为自己劳动所创造价值的货币表现
   C. 劳动者为社会劳动所创造价值的货币表现
   D. 特定的会计主体为了达到一定目的而发生的可以用货币计量的代价
2. 从现行行业企业会计制度的有关规定出发，成本会计的对象是(　　)。
   A. 各项期间费用的支出及归集过程
   B. 产品生产成本的形成过程
   C. 诸会计要素的增减变动
   D. 企业生产经营过程中发生的产品生产成本和期间费用
3. 成本会计的基本任务和中心环节是(　　)。
   A. 进行成本预测，编制成本计划
   B. 审核和控制各项费用的支出
   C. 进行成本核算，提供真实有用的核算资料
   D. 参与企业的生产经营决策
4. 下列各项中属于费用要素的是(　　)。
   A. 直接材料　　　　　　　　　　B. 直接人工

C. 外购材料　　D. 废品损失

5. 下列各项中属于费用要素的是(　　)。
A. 原材料　　B. 工资及福利费
C. 折旧费　　D. 制造费用

6. 下列各项中属于产品成本项目的是(　　)。
A. 废品损失　　B. 工资费用
C. 管理费用　　D. 利息费用

7. 下列各项中属于产品成本项目的是(　　)。
A. 外购动力　　B. 利息支出
C. 外购燃料　　D. 直接材料

8. 下列各项中应计入制造费用的是(　　)。
A. 构成产品实体的原材料费用　　B. 产品生产工人工资
C. 车间管理人员工资　　D. 工艺用燃料费用

9. 下列各项中不应计入产品成本的是(　　)。
A. 企业行政管理部门用固定资产的折旧费
B. 车间厂房的折旧费用
C. 车间生产用设备的折旧费用
D. 车间辅助人员的工资

10. 下列各项中应计入管理费用的是(　　)。
A. 企业专设销售机构人员的工资　　B. 产品广告费用
C. 企业的职工教育经费　　D. 车间的办公费用

11. 下列各项中属于直接生产费用的是(　　)。
A. 生产车间厂房的折旧费用　　B. 产品生产用设备的折旧费用
C. 企业行政管理部门固定资产的折旧费用　　D. 生产车间管理人员的工资

12. 下列各项中属于直接生产费用的是(　　)。
A. 生产工人的工资及福利费　　B. 车间辅助工人的工资及福利费
C. 车间管理人员的工资及福利费　　D. 生产车间的办公费用

13. 下列各项中属于间接生产费用的是(　　)。
A. 构成产品主要实体的原料及主要材料费用
B. 有助于产品形成的辅助材料费用
C. 工艺用燃料费用
D. 车间机物料消耗

14. 下列各项中属于间接生产费用的是(　　)。
A. 生产车间厂房的折旧费　　B. 产品生产工人的工资及福利费
C. 产品生产用固定资产的折旧费　　D. 企业行政管理部门固定资产的折旧费

15. 成本会计的各项职能中，(　　)是成本决策的前提。
A. 成本计划　　B. 成本预测
C. 成本控制　　D. 成本核算

16. 成本会计的最基本职能是(　　)。
A. 成本预测　　B. 成本决策
C. 成本核算　　D. 成本分析
17. 下列各项，描述成本会计对象的是(　　)。
A. 诸会计要素的增减变动
B. 各项期间费用的支出及归集过程
C. 产品生产成本的形成过程
D. 各行各业经营业务的成本和有关的经营管理费用
18. 在成本会计工作中，基础的工作是(　　)。
A. 成本核算　　B. 成本决策
C. 成本分析　　D. 成本考核
19. 在企业核算时，下列项目中不能计入产品成本的费用是(　　)。
A. 企业管理人员的工资及社保费　　B. 车间消耗的动力费用
C. 生产工人的工资及社保费　　D. 车间管理人员工资及社保费
20. 对生产经营过程中发生的费用进行归集和分配，计算出有关成本计算对象的实际总成本和单位成本，是(　　)。
A. 成本会计　　B. 成本核算
C. 成本预测　　D. 成本分析
21. 集中工作方式和分散工作方式在具体工作中是指(　　)。
A. 企业内部成本会计对象　　B. 企业内部成本会计职能
C. 企业内部各级成本会计机构　　D. 企业内部成本会计任务
22. 企业核算成本时，关于费用界限划分，下列说法不正确的是(　　)。
A. 收益性支出应计入成本费用　　B. 制造费用应计入生产费用
C. 为组织和管理生产经营活动而发生的费用应计入生产费用
D. 凡为生产某种产品发生的费用应直接计入该产品的成本
23. 成本会计的分散工作方式通常适用于以下(　　)企业。
A. 成本会计工作比较复杂的大中型企业　　B. 成本会计工作比较简单的企业
C. 所有类型的企业　　D. 与生产管理需要有关
24. 以下各项中，属于成本核算基础工作内容的是(　　)。
A. 健全原始凭证　　B. 正确划分各种费用界限
C. 进行会计分期　　D. 选择成本计算方法
25. 企业成本核算过程要进行会计分期，其依据是(　　)原则。
A. 权责发生制　　B. 实际成本核算
C. 及时性　　D. 重要性
26. 为正确计算产品成本，应该做好的基础工作之一是(　　)。
A. 正确划分各种费用界限　　B. 确定成本计算对象
C. 各种费用分配　　D. 健全原始记录
27. 成本会计的任务由企业经营管理的要求决定，此外，还受(　　)的制约。

A. 成本会计核算　　B. 企业降低成本费用
C. 提高经济效益　　D. 成本会计的对象

28. 定期进行成本考核的基础是(　　)。
A. 成本预测　　B. 成本计划
C. 成本分析　　D. 成本控制

29. 下列各项费用中，不属于期间费用的是(　　)。
A. 财务费用　　B. 制造费用
C. 管理费用　　D. 销售费用

30. 下列属于销售费用的是(　　)。
A. 印花税　　B. 产品广告费
C. 融资租赁手续费　　D. 产品销售税金及附加

31. 工业企业产品成本核算中各项费用的划分，都应贯彻(　　)原则，以便达到正确核算产品成本和期间费用的目的。
A. 受益　　B. 谨慎
C. 权责发生制　　D. 配比

32. 下列属于成本项目的是(　　)。
A. 外购材料　　B. 外购燃料
C. 折旧费　　D. 直接人工

33. 基本生产成本明细账应该按(　　)分设专栏或专行进行登记。
A. 费用项目　　B. 费用要素
C. 成本项目　　D. 产品名称

34. 下列不属于直接计入费用的是(　　)。
A. 直接材料　　B. 直接人工
C. 厂房折旧费　　D. 机器折旧费

35. 正确计算产品成本，应该做好的基础工作是(　　)。
A. 各种费用的分配
B. 正确划分各种费用界限
C. 健全存货的计量、验收、领退和盘点制度
D. 确定成本计算对象

36. 制造费用是指(　　)。
A. 直接生产费用
B. 期间费用
C. 应计入产品成本的车间生产费用
D. 应计入产品成本，但没有专设成本项目的各项生产费用

二、多项选择题

1. 成本的主要作用在于(　　)。

A. 是补偿生产耗费的尺度
B. 是综合反映企业工作质量的重要指标
C. 是企业对外报告的主要内容
D. 是制定产品价格的重要因素和进行决策的重要依据

2. 成本会计的任务包括(　　)。
A. 进行成本预测，编制成本计划　　B. 审核和控制各项费用支出
C. 进行产品成本和期间费用的核算　　D. 进行成本考核和分析，参与经营决策

3. 现代成本会计的对象，应该包括各行业企业的(　　)。
A. 生产经营业务成本　　B. 经营管理费用
C. 专项成本　　D. 可控成本

4. 一般说来，企业应根据(　　)来组织成本会计工作。
A. 本单位生产经营的特点　　B. 对外报告的需要
C. 本单位生产规模的大小和机构的设置　　D. 本单位成本管理的要求

5. 下列各项费用中，属于期间费用的是(　　)。
A. 管理费用　　B. 财务费用
C. 销售费用　　D. 制造费用

6. 为了正确计算产品成本，必须做好的各项基础工作有(　　)。
A. 定额的制定和修订
B. 企业内部结算价格的制定
C. 健全原始记录
D. 健全存货的计量、收发、领退和盘点制度

7. 为了正确计算产品成本，必须正确划分的费用界限有(　　)。
A. 经营性支出与非经营性支出　　B. 完工产品和月末在产品的费用
C. 各个会计期间的费用　　D. 成本支出与期间费用
E. 各种产品的生产费用

8. 下列各项中属于费用要素的有(　　)。
A. 直接材料　　B. 折旧费
C. 利息费用　　D. 燃料及动力

9. 下列各项中属于费用要素的有(　　)。
A. 外购材料　　B. 外购动力
C. 制造费用　　D. 工资及福利费

10. 下列各项中属于产品成本项目的有(　　)。
A. 废品损失　　B. 制造费用
C. 直接人工　　D. 工资

11. 下列各项中属于直接生产费用的有(　　)。
A. 机器设备的折旧费　　B. 车间厂房的折旧费
C. 原材料费用　　D. 车间的机物料消耗

12. 下列各项中属于间接生产费用的有(　　)。

A. 车间厂房的折旧费　　B. 车间机物料消耗
C. 生产工人工资　　D. 辅助工人工资

13. 下列各项中属于直接计入费用的有(　　)。
A. 几种产品共同消耗的辅助材料费用　　B. 几种产品共同负担的制造费用
C. 一种产品消耗的原材料费用　　D. 一种产品消耗的生产工人工资

14. 下列各项中属于间接计入费用的有(　　)。
A. 几种产品消耗的同一种原材料费用　　B. 一种产品负担的辅助材料费用
C. 几种产品共同负担的生产工人工资　　D. 管理费用

15. 下列各项中属于费用要素中税金的有(　　)。
A. 印花税　　B. 营业税
C. 增值税　　D. 房产税

16. 记入“直接材料”成本项目的有(　　)。
A. 直接用于产品生产的原材料费用　　B. 直接用于产品生产的主要材料费用
C. 车间的机物料消耗　　D. 直接用于产品生产的辅助材料费用

17. 要素费用中的外购材料费用，可能计入的成本项目有(　　)。
A. 直接材料　　B. 生产工人工资及福利费
C. 废品损失　　D. 制造费用

18. 要素费用中的工资费用，可能记入的账户有(　　)。
A. “制造费用”　　B. “销售费用”
C. “财务费用”　　D. “基本生产成本”

19. 下列各项中属于产品销售费用的有(　　)。
A. 广告费　　B. 委托代销费
C. 展览费　　D. 专设销售机构的办公费

20. 下列各项中属于管理费用的有(　　)。
A. 工会经费　　B. 职工教育经费
C. 无形资产摊销　　D. 业务招待费

21. 下列各项中可能记入财务费用的有(　　)。
A. 金融机构手续费　　B. 利息费用
C. 汇兑损失　　D. 坏账损失

22. 费用要素中的税金应包括(　　)。
A. 印花税　　B. 房产税
C. 车船使用税　　D. 土地使用税

23. 费用要素中的税金必须通过“应交税费”账户核算的税种是(　　)。
A. 印花税　　B. 房产税
C. 土地使用税　　D. 车船使用税

24. 成本会计的职能有(　　)。
A. 成本分析　　B. 成本决策
C. 成本考核　　D. 成本计划

E. 成本管理

25. 下列说法正确的是(　　)。

A. 成本是一种耗费，但耗费不一定构成成本

B. 企业的一切耗费都是企业的支出，但企业的支出并不全是生产经营活动直接引起的

C. 有关成本会计的法律法规都是由政府制定的

D. 成本会计人员既要精于核算又要精于管理

26. 在成本核算过程中，集中核算的优点有(　　)。

A. 有利于企业管理当局及时全面地掌握成本会计的各种信息

B. 便于使用计算机集中进行成本数据处理

C. 减少成本会计机构设置的层次和成本会计人员的人数

D. 让直接从事生产经营的部门及时掌握成本信息

E. 便于及时对外提供产品成本信息

27. 在确定成本会计对象时，以下各项可以确认为成本对象的是(　　)。

A. 工业生产企业的产品生产成本

B. 工业生产企业的经营管理费用

C. 其他行业的产品成本

D. 其他行业的经营管理费用

E. 企业所有发生的支出

28. 下列会计的法规和制度中，属于企业制定的有(　　)。

A. 企业会计准则　　B. 企业会计制度

C. 成本报表制度　　D. 企业财务通则

E. 企业的成本会计工作的组织形式、成本核算办法

29. 下列项目中，不构成产品成本的是(　　)。

A. 直接材料　　B. 管理费用

C. 财务费用　　D. 生产工人工资

E. 销售费用

30. 成本会计机构的设置，应考虑(　　)等因素。

A. 企业规模的大小　　B. 业务的多少

C. 企业管理体制　　D. 对外报告的要求

E. 成本核算的繁简

31. 生产费用按经济内容分类时，包括以下各项(　　)。

A. 外购材料　　B. 直接材料

C. 职工薪酬　　D. 直接人工

E. 制造费用

32. 生产费用按经济用途分类时，生产费用要素的内容就是成本项目的内容，包括以下各项(　　)。

A. 外购材料　　B. 直接材料

C. 职工薪酬　　D. 直接人工

E. 制造费用

33. 工业企业成本核算的要求包括以下(　　)。

A. 划清成本费用界限　　B. 坚持成本核算原则

C. 明确成本开支范围　　D. 做好成本核算基础工作

E. 正确确立成本核算账户

34. 以下各项中，属于成本核算的基本程序有(　　)。

A. 确定成本计算对象　　B. 确定成本项目

C. 确定成本计算期　　D. 审核生产费用

E. 归集和分配生产费用　　F. 计算完工产品和在产品成本

35. 计入产品成本的各种工资费用，按其发生的地点和用途应分别借记(　　)账户。

A. “基本生产成本”　　B. “辅助生产成本”

C. “制造费用”　　D. “管理费用”

E. “销售费用”

36. “废品损失”账户借方应反映(　　)。

A. 可修复废品成本　　B. 可修复废品修复费

C. 不可修复废品生产成本　　D. 不可修复废品修复费

E. 不可修复废品残值收入

三、判断题

1. 产品成本项目就是计入产品成本的生产费用按经济内容进行分类核算的项目。(　　)

2. 计入产品成本的生产费用，按计入产品成本的方法，可以分为直接计入费用和间接计入费用。(　　)

3. 成本是资源的一种耗费。(　　)

4. 成本会计的职能包括成本的预测、决策、计划、控制、核算、考核和分析。(　　)

5. 成本预测和计划是成本会计的基本任务和中心环节。(　　)

6. 企业主要应根据外部有关方面的需要来组织成本会计工作。(　　)

7. 制定和修订定额，只是为了进行成本审核，与成本计算没有关系。(　　)

8. 企业生产经营的原始记录，是进行成本核算和管理的依据。(　　)

9. 制定厂内计划价格是为了分清企业内部各单位之间的经济责任，便于分析和考核企业内部各单位成本计划的完成情况，并简化和加速核算工作。(　　)

10. 为了尽可能地符合实际情况，厂内计划价格应该在年度内经常变动。(　　)

11. 所谓费用要素，就是费用按经济内容的分类。(　　)

12. 外购材料、外购动力属于费用要素。(　　)

13. 折旧费用和工资费用是产品成本项目。(　　)

14. 费用按经济内容分类，便于分析各种费用的支出是否节约、合理。(　　)

15. 产品成本项目就是计入产品成本的费用按经济内容分类核算的项目。(　　)

16. 直接人工是产品成本项目。(　　)

17. 如果工艺上耗用的燃料和动力不多，可以将其中的燃料费用并入“原材料”成本项目，将其中的动力费用并入“制造费用”成本项目。（　）

18. 计入产品成本的生产费用按与生产工艺的关系可以分为直接计入费用和间接计入费用。（　）

19. 工业企业的期间费用按经济内容可以分为销售费用、管理费用和财务费用。（　）

20. 计入产品成本的生产费用按与生产工艺的关系可以分为直接生产费用和间接生产费用。（　）

21. 成本核算是基础，没有成本核算，其他各项职能都无法进行。（　）

22. 在只生产一种产品的企业或车间中，全部生产费用均属于直接计入费用。（　）

23. 在只生产一种产品的企业或车间中，全部生产费用均属于直接生产费用。（　）

24. 产品成本是制定产品价格的依据，但产品的市场价格还要受产品供求关系的影响。（　）

25. 成本会计的基本工作是指成本预测工作。（　）

26. 生产设备的折旧费用计入制造费用，因此属于间接生产费用。（　）

27. 成本会计是一种成本费用会计。（　）

28. “基本生产成本”账户应按成本计算对象设置明细分类账，账内按成本项目分设专栏或专行。（　）

29. 为了核算企业的期间费用，应该设置“销售费用”、“管理费用”和“制造费用”账户。（　）

30. “辅助生产成本”账户月末应无余额。（　）

31. 成本会计的职能是依次顺序进行才能发挥作用，如果随意调整前后顺序，成本会计的职能是不能发挥作用的。（　）

32. 生产费用是企业为生产产品而发生的各项支出。（　）

33. 间接计入费用应采用适当的分配方法，分配以后分别计入各产品成本明细账及有关成本项目。（　）

34. 期间费用不计入产品成本，应直接计入当期损益。（　）

35. 费用要素中的税金，是管理费用的组成部分。（　）

36. 成本集中核算方式一般应用于规模比较小的企业。（　）

37. 期间费用一般应当分配计入产品、劳务的成本。（　）

38. 集中核算与分散核算的优缺点相反。（　）

39. 生产费用是以本期实际支出为标准，而产品成本则是以费用是否应归属于本期为标准。（　）

40. 产品生产成本是企业为生产产品而发生的各种耗费，应包括管理费用。（　）

41. 企业的成本费用构成了企业的全部支出。（　）

42. 产品成本总是相对于一定成本计算对象而言的。（　）

43. 成本计算对象就是指生产费用的承担者。（　）

44. 企业根据实际情况将“基本生产成本”和“辅助生产成本”设为一级账户，也可在“生产成本”账户下作为二级账户核算。（　）

45. 生产费用按经济内容和经济用途划分的要素费用和成本项目所包含的内容相同。 （ ）

四、实训题

实 训 一

【实训内容】 成本费用项目。

【实训资料】 东风铝制品厂 11 月份发生下列支出：

（1）车间机器设备计提的折旧费；

（2）生产铝锅领用的铝锭成本；

（3）车间生产人员的工资；

（4）行政管理部门人员的工资；

（5）车间的照明费、机器使用的润滑油费用；

（6）销售人员的工资及福利费；

（7）车间管理人员的工资；

（8）行政管理部门的办公费；

（9）贷款支付的利息。

【实训要求】 请回答：上述各项支出应计入何种成本费用项目？为什么？

实 训 二

【实训内容】 生产费用的分类方法。

【实训资料】 华锋铝制品厂 3 月份发生的生产费用及用途如下：

（1）外购材料：	96 000 元
其中：铝锅耗用	42 000 元
铝盆耗用	26 000 元
铝锅、铝盆共同耗用	25 000 元
生产车间领用修理配件	3 000 元
（2）外购燃料：	8 000 元

其中：铝锅耗用　3 600 元

铝锅、铝盆共同耗用　2 500 元

生产车间取暖耗用　1 900 元

（3）外购动力：　7 100 元

其中：铝盆耗用　5 500 元

铝锅、铝盆共同耗用　1 600 元

（4）职工薪酬：　18 800 元

其中：生产工人　11 600 元

车间管理人员　7 200 元

（5）机器设备折旧费：　2 200 元

（6）车间办公费：　300 元

【实训要求】根据以上资料，将生产费用按经济内容、经济用途、计入产品成本的方法进行分类，并计算金额，填写表 1－1。

表 1－1　　金额单位：元

按经济内容分类		按经济用途分类		按计入产品成本的方法分类	
项　目	金　额	项　目	金　额	项　目	金　额
外购材料		直接材料		直接计入费用	
外购燃料		直接人工		间接计入费用	
外购动力		制造费用			
职工薪酬					
折旧费					
其他支出					
合　计		—		—	

实　训　三

【实训内容】产品成本项目。

【实训资料】星光铝制品厂 4 月份发生下列支出：

（1）购进铝锭 200 000 元，其中 70% 被生产车间领用；

（2）生产工人工资 110 000 元，车间管理人员工资 9 000 元；

（3）生产设备计提折旧费 4 000 元；

（4）支付产品广告费 19 000 元；

（5）支付贷款利息 6 000 元；

（6）厂部管理人员工资 30 000 元。

【实训要求】请回答：该企业的产品成本是多少？

实 训 四

【实训内容】练习产品成本项目。

【实训资料】三隆食品厂 7 月份生产馒头、豆沙包、花卷三种产品，共计生产工时 26 000 小时，其中馒头 7 000 小时，豆沙包 10 000 小时，花卷 9 000 小时。本月发生以下间接费用：

1. 以银行存款支付劳动保护费 2 300 元。
2. 车间管理人员工资 6 000 元。
3. 按车间管理人员工资的 14% 提取福利费。
4. 车间消耗材料 3 000 元。
5. 车间固定资产折旧费 1 700 元。
6. 车间固定资产修理费 800 元。
7. 支付保险费 700 元。
8. 辅助生产成本（修理费、运输费）转入 2 600 元。
9. 以银行存款支付管理部门的办公费、水电费、邮电费等共计 2 770 元。

【实训要求】说明上述资料中哪些支出可以计入产品成本。

五、案例分析题

恒达公司9月份业务如下：支付公司行政人员工资10万元，生产产品的工人工资100万元，车间管理人员工资5万元，并分别按规定比例2%、1.5%计提了工会经费、教育经费0.35万元、3.5万元、0.175万元；车间办公费1万元；生产产品耗用原材料400万元，辅助材料50万元。支付公司办公等费用20万元；支付广告费40万元；支付银行借款利息3万元；支付违约罚款15万元；本月折旧费50万元，其中公司管理部门15万元，车间35万元。本月产品全部完工，没有在产品。

请根据案例回答下列问题：

1. 案例中的各项费用中，计入产品成本的是(　　)。

A. 营业费用　　B. 制造费用

C. 销售费用　　D. 管理费用

2. 案例中的各项可以列入产品成本的开支是(　　)。

A. 支付的违约罚款　　B. 支付的借款利息

C. 生产人员工资　　D. 企业行政管理部门发生费用

3. 该月份的管理费用总额为(　　)万元。

A. 45.35　　B. 90 .5

C. 100.5　　D. 110

4. 该月份可直接计入生产成本的总额为(　　)万元。

A. 2 316　　B. 553.5

C. 1 636　　D. 1 316

5. 该月份的制造费用总额为(　　)万元。

A. 1 169　　B. 1 159

C. 1 099　　D. 41.175

6. 该月份的生产费用为(　　)万元。

A. 858.5　　B. 594.675

C. 328.5　　D. 1 199

7. 该月份的产品成本为(　　)万元。

A. 594.675　　B. 928.5

C. 328.5　　D. 1 199

单元二
费用要素的核算

一、单项选择题

1. 用于生产产品构成产品实体的原材料费用，应记入(　　)账户。
A. “基本生产成本”　　B. “制造费用”
C. “废品损失”　　D. “营业费用”

2. 直接用于产品生产的燃料，应直接记入或分配记入的账户是(　　)
A. “制造费用”　　B. “管理费用”
C. “财务费用”　　D. “基本生产成本”

3. 生产车间耗用的机物料费用，应贷记“原材料”账户，借记(　　)账户。
A. “基本生产成本”　　B. “管理费用”
C. “辅助生产成本”　　D. “制造费用”

4. 产品销售过程中发生的各项费用，应记入(　　)账户。
A. “制造费用”　　B. “管理费用”
C. “销售费用”　　D. “财务费用”

5. 下列各项中，不计入直接人工成本项目的是(　　)。
A. 产品生产工人工资　　B. 车间管理人员工资
C. 按产品生产工人工资提取的福利费　　D. 产品生产工人的奖金

6. 分配结转外购动力费用时，会计分录中贷方不可能出现(　　)账户。
A. “银行存款”　　B. “应收账款”
C. “应付账款”　　D. “预付账款”

7. 按照医务及生活福利部门人员的工资额提取的职工福利费，实际工作中是记入(　　)账户。
A. “应付职工薪酬”　　B. “制造费用”
C. “管理费用”　　D. “辅助生产成本”

8. 基本生产车间计提的固定资产折旧费，应借记(　　)账户。
A. “基本生产成本”　　B. “管理费用”
C. “制造费用”　　D. “待摊费用”

9. 企业行政管理部门计提的固定资产折旧费，应借记(　　)账户。
A. “预提费用”　　B. “财务费用”
C. “管理费用”　　D. “销售费用”

10. 企业为筹集资金而发生的手续费等，应借记(　　)账户。

A. “制造费用”　　B. “财务费用”

C. “管理费用”　　D. “销售费用”

11. 下列分配方法中，不宜作为原材料费用分配标准的是(　　)。

A. 产品重量　　B. 生产工时

C. 材料定额成本　　D. 材料定额消耗量

12. 根据“工资结算汇总表”和“工资费用分配表”进行账务处理时，会计分录中不可能对应的借方账户是(　　)。

A. “生产成本”　　B. “制造费用”

C. “管理费用”　　D. “财务费用”

13. 对外购动力的分配，应借记有关的成本费用账户，贷记(　　)账户。

A. “应付账款”　　B. “制造费用”

C. “基本生产成本”　　D. “辅助生产成本”

14. 为了正确计算材料消耗，对于已领未用材料，应当填制(　　)办理退料手续。

A. 领料单　　B. 限额领料单

C. 退料单　　D. 领料登记表

15. 按材料定额消耗量分配材料费用时，其适用的条件是(　　)。

A. 产品的产量与所耗用的材料有密切联系

B. 产品的重量与所耗用的材料有密切联系

C. 几种产品共同耗用几种材料

D. 各项材料消耗定额比较准确稳定

二、多项选择题

1. 生产经营过程中领用的材料，按照用途进行归类，生产产品耗用、生产车间耗用、企业行政管理部门耗用，应分别记入(　　)账户。

A. “基本生产成本”　　B. “制造费用”

C. “管理费用”　　D. “营业费用”

2. 材料费用的分配方法有(　　)。

A. 定额消耗量比例法　　B. 定额费用比例法

C. 产品重量比例法　　D. 生产工时分配法

3. 计入产品成本的各种材料费用，按照其用途分配，应记入下列账户的借方(　　)。

A. “待摊费用”　　B. “预提费用”

C. “制造费用”　　D. “基本生产成本”

4. 计入产品成本的各种工资，按其用途应分别借记(　　)账户。

A. “销售费用”　　B. “基本生产成本”

C. “制造费用”　　D. “管理费用”

5. 产品销售过程中，行政管理部门以及筹资活动所发生的各项费用，应分别记入的账户是(　　)。

A. “销售费用”　　B. “在建工程”

C. “管理费用” D. “财务费用”

6. 计入产品成本的工资费用是(　　)。

A. 生产工人工资 B. 车间或分厂管理人员工资

C. 生产车间技术人员工资 D. 生活福利部门人员工资

7. 按照职工工资总额和规定比例计提职工福利费时，应借记(　　)账户。

A. “基本生产成本” B. “应付职工薪酬”

C. “制造费用” D. “管理费用”

8. 经过要素费用的分配，记入“基本生产成本”账户借方的费用，已经分别记入各产品成本明细账的(　　)成本项目。

A. 其他支出 B. 直接材料

C. 直接人工 D. 制造费用

9. 对外购动力费用的分配，应借记有关成本费用账户，贷记(　　)账户。

A. “银行存款” B. “基本生产成本”

C. “应付账款” D. “管理费用”

10. 外购动力费用的分配标准主要有(　　)。

A. 生产工时 B. 机器工时

C. 定额耗用量 D. 定额费用

11. 应计提折旧的固定资产包括(　　)。

A. 房屋建筑物 B. 在用的机器设备

C. 季节性停用和修理停用的设备 D. 经营租赁方式租入的固定资产

12. 不应计提折旧的固定资产有(　　)。

A. 未使用的房屋建筑物

B. 经营租赁方式租出的固定资产

C. 房屋和建筑物以外的未使用和不需用的固定资产

D. 已提足折旧继续使用的固定资产

13. 本月应计提折旧的固定资产有(　　)。

A. 使用中的机器设备 B. 本月增加的固定资产

C. 本月减少的固定资产 D. 融资租赁方式租入的固定资产

14. 分配结转人工费用时，会计分录中对应的借方账户主要是(　　)。

A. “生产成本” B. “制造费用”

C. “管理费用” D. “应付职工薪酬”

15. 工业企业各种费用要素中的其他费用包括(　　)。

A. 邮电费 B. 印刷费

C. 保险费 D. 差旅费

E. 排污费

16. 以下各项属于生产成本项目的是(　　)。

A. 原材料 B. 直接人工

C. 制造费用 D. 固定资产折旧

17. 应在当月计算折旧费用的固定资产是(　　)。

A. 以经营租赁方式租入的房屋　　B. 本月内购进的机器设备

C. 未使用的设备　　D. 本月减少的设备

E. 进行修理的设备

18. 在企业成本核算过程中，下列经济活动列入企业成本项目的有(　　)。

A. 外购材料　　B. 生产领用材料

C. 生产消耗燃料及动力　　D. 发生废品损失

E. 发放工资

19. 计算应付工资的原始凭证主要有(　　)。

A. 考勤簿　　B. 产量记录

C. 工作班产量记录　　D. 工作通知单

E. 工序进程单

20. 锦绣造纸厂发生下列费用时，可以直接借记“基本生产成本”的是(　　)。

A. 车间照明用电费　　B. 构成产品实体的原材料费用

C. 车间管理人员工资　　D. 车间生产人员工资

E. 车间办公费

21. 按照工业企业会计制度规定，红星服装厂发生的下列费用(　　)可记入“制造费用”账户。

A. 基本生产车间生产产品领用材料　　B. 基本生产车间生产工人工资

C. 基本生产车间固定资产折旧　　D. 基本生产车间一般消耗领用材料

E. 基本生产车间办公费

三、判断题

1. 用于几种产品生产共同耗用的，构成产品实体的原材料费用，可以直接计入产品成本。(　　)

2. 几种产品共同耗用的原材料费用，属于间接计入费用。(　　)

3. 几种产品共同耗用的原材料费用，在材料消耗定额比较准确的情况下，原材料费用可以按照产品的原材料定额消耗量或原材料定额费用的比例分配。(　　)

4. 凡属生产车间领用的原材料费用，最终都必须结转到产品成本的“直接材料”项目。(　　)

5. 动力费用的归集与分配一般是通过“动力费用分配表”进行的。(　　)

6. 对于工业企业来说，产品耗用的动力费用只能在“直接材料”成本项目上反映。(　　)

7. 职工薪酬费用应按其用途进行归集和分配。(　　)

8. 直接用于产品生产的动力费用，应借记“基本生产成本”总账账户及所属产品成本明细账“燃料及动力”成本项目。(　　)

9. 用于基本生产车间和辅助生产车间以及行政管理部门的照明用电不计入成本，应计入管理费用。(　　)

10. 生产人员、车间管理人员和技术人员的工资及福利费，是产品成本的重要组成部分，应该直接计入各种产品成本。（ ）

11. 企业全部人员的工资及福利费，都应该计入产品成本，因为工资是产品成本的组成部分。（ ）

12. 在采用计时工资情况下，只生产一种产品时，生产人员工资及福利费应直接计入该种产品成本。（ ）

13. 按照生活福利部门人员工资比例提取职工福利费时，借记“管理费用”账户，贷记“应付职工薪酬”账户。（ ）

14. 固定资产折旧费是产品成本的组成部分，应该全部计入产品成本。（ ）

15. 未使用和不需用的固定资产一律不应计提折旧。（ ）

16. 房屋建筑物无论是否使用都应计提折旧。（ ）

17. 提前报废的固定资产，因为未提足折旧，所以应该补提折旧。（ ）

18. 已提足折旧继续使用的固定资产不应计提折旧。（ ）

19. 外购材料、外购动力、折旧费、制造费用属于要素费用。（ ）

20. 辅助生产与基本生产的最大区别是生产产品的目的不同。（ ）

21. 外购材料的实际成本包括材料购买过程中发生的所有支出。（ ）

22. 外购动力费用通常是分配计入有关的成本费用与支付价款不一致，所以通过“应付账款”账户核算。（ ）

23. 材料费用的分配一般是通过编制材料费用分配表进行的。（ ）

24. 当燃料费用在产品成本中所占比重较大时，成本核算时，可以与动力费用合并设立“燃料及动力”成本项目。（ ）

四、实训题

实 训 一

【实训内容】定额消耗量比例法。

【实训资料】宏盛厂7月份生产甲、乙两种产品，共同耗用某种原材料费用10 500元。单件产品原材料消耗定额：甲产品15千克，乙产品12千克。产量：甲产品100件，乙产品50件。

【实训要求】按原材料定额消耗量比例分配计算甲、乙产品耗用的原材料费用。

实 训 二

【实训内容】 材料按定额费用比例分配的方法。

【实训资料】 春风厂 8 月生产甲、乙两种产品，耗用原材料费用共计 62 400 元。本月投产甲产品 220 件，乙产品 256 件。单件原材料费用定额：甲产品 120 元，乙产品 100 元。

【实训要求】 采用原材料定额费用比例分配甲、乙产品耗用的原材料费用（计算材料费用分配率、分配原材料费用）。

实 训 三

【实训内容】 产品重量比例法。

【实训资料】 利达厂 9 月份生产甲、乙、丙产品，其产品重量分别为 1 000 千克、2 000 千克、3 000 千克，共同耗用生铁 7 200 元。

【实训要求】 采用产品重量比例法分配甲、乙、丙产品应分配的材料费用。

实 训 四

【实训内容】 材料费用的分配及其账务处理。

【实训资料】 华星机械厂生产 1#、2#两种产品，共同耗用生铁 43 吨，每吨生铁 2 400 元，已知 1#产品产量 30 台，单位消耗定额 1 050 千克，2#产品产量 15 台，单位消耗定额 400 千克。

【实训要求】 采用定额消耗量比例法分配生铁的费用，并将分配结果填入表 2－1。

1. 计算过程：

2. 填表2－1。

表2－1 材料费用分配表

材料：生铁 ××年3月 金额单位：元

产品名称	投产数量	单位产品消耗定额（千克）	材料消耗定额（千克）	分配率	分配金额
合计					

3. 账务处理：

实 训 五

【实训内容】材料费用分配的账务处理。

【实训资料】凯进厂3月份消耗A材料219 000元，其中：甲产品消耗78 800元，乙产品消耗52 500元，丙产品消耗78 700元，车间一般消耗3 000元，厂部管理部门消耗6 000元。

【实训要求】根据资料对本月耗用A材料的业务进行账务处理。

实 训 六

【实训内容】外购动力费用分配。

【实训资料】凯进厂3月份耗电40 000度，每度电单价0.90元，应付电力费36 000元，款未付。该企业基本生产车间耗电 33 000 度，其中车间照明用电 3 000 度，企业行政管理部门耗用 7 000 度。企业基本生产车间生产 A、B 两种产品，A 产品生产工时 36 000 小时，B 产品生产工时 24 000 小时。

【实训要求】按所耗电度数分配电力费用，A、B 产品按生产工时分配电费，并对电力费用的分配业务进行账务处理。

实 训 七

【实训内容】按生产工时比例分配工资费用。

【实训资料】凯进厂 3 月份的基本生产车间生产工人的计时工资共计 16 620 元，规定按生产工时比例在 A、B 两种产品之间进行分配。这两种产品的生产工时为：A 产品 4 750 小时，B 产品 2 175 小时；辅助生产车间（只提供一种劳务）生产工人工资 6 230 元；基本生产车间管理人员工资 2 790 元，行政管理部门人员工资 3 120 元，销售人员工资 970 元。应付工资总额 29 730 元。

【实训要求】按生产工时比例分配工资费用，并根据资料进行账务处理。

实 训 八

【实训内容】计提职工福利费的核算。

【实训资料】凯进厂 2 月份应付工资如下：直接用于基本生产产品（只生产一种产品——A）28 900 元，直接用于辅助生产（只提供一种劳务——修理）10 100 元，用于基本生产车间管理 12 300 元，用于企业管理部门 8 400 元，用于生活福利部门 4 200 元，合计

63 900元。该企业按本月应付工资分配工资费用，按工资的14%计提职工福利费。

【实训要求】根据计算结果进行账务处理（涉及成本项目的会计科目要列示成本项目）。

实　训　九

【实训内容】职工薪酬的核算。

【实训资料】华城厂3月份职工薪酬费用计提情况见表2－2。

表2－2　职工薪酬费用计提表

年　月　单位：元

应借科目	上年度月均工资	本月应付工资	职工福利费（14%）	医疗保险费（10%）	养老保险费（12%）	失业保险费（2%）	住房公积金（12%）	工会经费（2%）	职工教育经费（1.5%）	合计
基本生产成本——甲产品	20 000	21 000								
基本生产成本——乙产品	20 000	21 000								
基本生产成本——丙产品	18 000	19 000								
制造费用	3 000	4 000								
管理费用	16 000	17 000								
销售费用	10 000	11 000								
合　计										

【实训要求】填充表中空白处，并据之进行账务处理。

实　训　十

【实训内容】固定资产折旧费用的分配。

【实训资料】华城厂的折旧费用分配表如表2－3所示。

表2－3　　固定资产折旧费用分配表

××年3月　　单位：元

应借科目	车间部门	2月固定资产折旧额	2月增加固定资产折旧额	2月减少固定资产折旧额	3月固定资产折旧额
制造费用	基本生产车间	2 970	660	240	
辅助生产成本	机修车间	1 210	150	80	
	运输车间	930	120		
	小计	2 140	270	80	
管理费用	行政管理部门	1 140	230	110	
销售费用	专设销售机构	1 000	–	–	
合计					

【实训要求】填列表2－3空白处，并根据折旧费用分配表进行账务处理。

实训十一

【实训内容】其他费用的核算。

【实训资料】华城厂以银行存款支付固定资产修理费5 730元。其中：基本生产车间3 430元，辅助生产供电车间540元，辅助生产供水车间160元，行政管理部门1 200元，专设销售机构400元。

【实训要求】根据资料进行账务处理。

实 训 十 二

【实训内容】利息费用的核算。

【实训资料】华城厂短期借款利息采用分月预提、季末结算的办法。第三季度按计划每月预提6 000元，9月份银行通知从该企业银行存款中支付全季度利息费用17 000元。

【实训要求】对该企业7、8、9三个月预提和实付利息费用的业务进行账务处理。

五、案例分析题

瑞丰厂为单步骤生产企业，设有一个基本生产车间，大量生产甲、乙两种产品；原材料在生产开始时一次投入，3月份有关资料如下：

1. 产量：月末甲产品完工100件，月末在产品50件；乙产品200件全部完工。
2. 总工时记录：甲产品实际工时1 000小时，乙产品实际工时1 500小时。
3. A材料消耗定额：甲产品10千克/件，乙产品3千克/件。
4. 本月发生费用见表2－4、2－5、2－6。

表2－4　材 料 费 用 表

××年3月　单位：元

用 途	直接领用A材料	共同耗用B材料
甲产品	50 000	
乙产品	60 000	
小 计	110 000	42 000
基本生产车间一般耗用	1 200	
合 计	111 200	42 000

表 2－5　人 工 费 用 表

××年3月

单位：元

人员类别	应付职工薪酬
生产工人	28 500
基本生产车间管理人员	5 800
厂部管理人员	5 700
合　计	39 900

表 2－6　折旧及其他费用表

××年3月

单位：元

部　门	折旧费	其他费用（办公费）
基本生产车间	10 000	600
管理部门	3 000	2 000
合　计	13 000	2 600

要求：请根据案例回答下列问题：

（1）瑞丰厂生产费用要素的内容是什么？

（2）甲、乙产品共同耗用的材料、人工费用应选择哪种方法分配？

（3）瑞丰厂甲产品、乙产品的直接材料、直接人工、制造费用各是多少？

单元三
综合费用的核算

一、单项选择题

1. 下列方法中，属于辅助生产费用分配方法的是(　　)。
A. 计划成本分配法　　B. 年度计划分配率分配法
C. 约当产量比例法　　D. 定额比例法

2. 辅助生产费用的直接分配法，是将辅助生产费用(　　)。
A. 直接计入基本生产成本的方法
B. 直接计入辅助生产成本的方法
C. 直接分配给辅助生产以外的各受益单位的方法
D. 直接分配给所有受益单位的方法

3. 辅助生产费用在按交互分配法分配时，应计算的费用分配率为(　　)。
A. 一个　　B. 两个
C. 三个　　D. 四个

4. 辅助生产费用的交互分配法，一次交互分配时是在(　　)。
A. 各受益单位之间进行分配
B. 相互受益的辅助生产车间之间进行分配
C. 辅助生产以外的受益单位之间进行分配
D. 各受益的基本车间之间进行分配

5. 辅助生产费用交互分配后的实际费用，再在(　　)。
A. 辅助生产以外的受益单位之间分配　　B. 各受益单位之间分配
C. 各辅助生产之间分配　　D. 各受益的基本车间进行分配

6. 辅助生产各种分配方法中，能分清内部经济责任、有利于实行厂内经济核算的是(　　)。
A. 直接分配法　　B. 交互分配法
C. 代数分配法　　D. 计划成本分配法

7. 下列辅助生产费用分配方法中，分配结果最为准确的是(　　)。
A. 直接分配法　　B. 交互分配法
C. 代数分配法　　D. 计划成本分配法

8. 基本生产车间管理人员薪酬，记入下列账户的借方(　　)。
A. “基本生产成本”　　B. “制造费用”
C. “应付职工薪酬”　　D. “管理费用”

9. 基本生产车间的机物料消耗，应记入下列账户借方(　　)。
A. “制造费用” B. “基本生产成本”
C. “管理费用” D. “财务费用”
10. 适用于季节性生产的车间分配制造费用的方法是(　　)。
A. 生产工时比例法 B. 生产工资比例法
C. 机器工时比例法 D. 年度计划分配率分配法
11. 制造费用分配以后，“制造费用”账户一般应无余额，如有余额则是在(　　)。
A. 季节性生产的企业
B. 工时定额准确的企业
C. 具备各种产品所用的机器工时的原始记录，机械化程度较高的企业
D. 各种产品生产机械化程度大致相同的企业
12. 下列部门的水电费应记入“制造费用”账户的是(　　)。
A. 基本生产车间日常用水电费 B. 基本生产车间生产甲产品的水电费
C. 销售部门耗用的水电费 D. 企业行政管理部门用的水电费
13. 按照生产工人工资分配制造费用，要求(　　)。
A. 各种产品的机械化程度较高 B. 各种产品的机械化程度较低
C. 各种产品的机械化程度大致相同 D. 不考虑各种产品的机械化程度差异
14. 以下各项属于制造费用分配方法的是(　　)。
A. 直接分配法 B. 年度计划分配率法
C. 交互分配法 D. 计划成本分配法
15. 三峡现代农药厂属于机械化程度较高的生产企业，月末分配制造费用适宜采用的分配方法是(　　)。
A. 生产工时比例法 B. 生产工资比例法
C. 机器工时比例法 D. 年度计划分配率法
16. 期间费用核算内容不应包括(　　)核算。
A. 财务费用 B. 管理费用
C. 销售费用 D. 制造费用
17. “管理费用”、“财务费用”、“销售费用”账户期末结转损益后应(　　)。
A. 有借方余额或贷方余额 B. 无余额
C. 有借方余额 D. 有贷方余额
18. 各种期间费用期末应直接(　　)。
A. 结转到“本年利润”账户 B. 计入生产成本
C. 计入待摊费用 D. 计入预提费用
19. 生产过程中或入库后发现的各种废品损失，不包括(　　)。
A. 修复废品人员工资 B. 修复废品领用材料
C. 不可修复废品的报废损失 D. 实行“三包”损失
20. 可修复废品在返修过程中所发生的修理用材料、动力、生产人员工资、应负担的制造费用等扣除过失人赔款后的净支出属于(　　)。

A. 废品损失　　B. 停工损失
C. 修复费用　　D. 报废损失

21. 不可修复废品的成本，应借记废品损失账户，贷记(　　)账户。
A. “库存商品”　　B. “基本生产成本”
C. “制造费用”　　D. “原材料”

22. 废品残料价值和应收赔偿款应从废品损失账户(　　)转出。
A. 借方　　B. 贷方
C. 余额　　D. 视情况而定

23. 不可修复废品损失的核算，应采用一定分配的方法，将废品的成本计算出来，然后，从“基本生产成本”账户的贷方转入借方的账户是(　　)。
A. “制造费用”　　B. “管理费用”
C. “废品损失”　　D. “营业外支出”

24. 某种产品的在产品成本和完工产品成本之间的关系是(　　)。
A. 完工产品总成本 = 期初在产品成本 + 本期发生的生产费用 - 期末在产品成本
B. 完工产品总成本 = 本期发生的生产费用 + 期末在产品成本 - 期初在产品成本
C. 完工产品单位成本 = 期初在产品成本 + 本期发生的生产费用 - 期末在产品成本
D. 完工产品单位成本 = 本期发生的生产费用 + 期末在产品成本 - 期初在产品成本

25. 下列关于在产品的说法不正确的是(　　)。
A. 会计上的广义在产品包括已经完工但尚未办理入库手续的完工产品
B. 在产品数量的确定是在产品成本核算的前提，在产品数量的取得既可以从账面获得，也可以从盘点获得
C. 一批废品在产品的成本为 5 万元，这 5 万元也就是记入“待处理财产损溢”的数额
D. “基本生产成本”账户的期末借方余额也就是期末在产品的成本

26. 各月月末在产品数量很小的产品，生产费用在完工产品与在产品之间分配宜采用(　　)。
A. 不计算在产品成本法　　B. 在产品按所耗直接材料成本计价法
C. 在产品按固定成本计价法　　D. 在产品按定额成本计价法

27. 甲产品需经过三道工序加工而成，第 1 ~ 3 道工序的工时定额分别为 20 小时、16 小时、10 小时，则第三道工序的完工程度为(　　)。
A. 50%　　B. 89.13%
C. 21.74%　　D. 60.87%

28. 乙产品全部生产费用减去按所耗原材料费用计算的在产品成本，就可以计算出完工产品的成本，则这种产品的生产费用在完工产品与在产品之间的分配方法是(　　)。
A. 按定额成本计算在产品成本法　　B. 定额比例法
C. 约当产量比例法　　D. 在产品按所耗直接材料成本计价法

29. 下列各项中，不应列入在产品的是(　　)。
A. 已验收入库的对外销售的自制半成品　　B. 已验收入库的仍需加工的自制半成品

C. 正在车间加工中的合格产品　　D. 正在车间返修的废品

30. 如果甲产品月末在产品数量较大，各月末在产品数量变化也较大，各项费用比例相差不多，生产费用在完工产品与月末在产品之间分配，应采用的方法是(　　)。

A. 不计算在产品成本法　　B. 按年初数固定计算在产品成本法

C. 在产品按所耗直接材料成本计价法　　D. 约当产量比例法

31. 乙产品经三道工序加工而成，原材料分工序在各道工序开始时一次投入，各工序原材料消耗定额为 10 千克、20 千克、20 千克，第三工序的完工率为(　　)。

A. 40 %　　B. 50 %

C. 80 %　　D. 100%

32. 完工产品与在产品之间分配费用，采用按年初数固定计算在产品成本法，适用于下列产品(　　)。

A. 各月末在产品数量很小　　B. 各月末在产品数量相差不多

C. 各月成本水平相差不大　　D. 各月末在产品数量较大

33. 完工产品与在产品之间分配费用，采用按所耗原材料费用计算在产品成本法，适用于下列产品(　　)。

A. 各月末在产品数量较小　　B. 各月末在产品数量变化较小

C. 原材料费用在产品成本中比重较大　　D. 原材料在生产开始时一次投料

34. 丙产品月末在产品数量较大，各月末在产品数量变化也较大，产品成本中原材料费用和工资等其他费用所占比重相差不多，应采用(　　)。

A. 定额比例法　　B. 约当产量比例法

C. 按年初数固定计算在产品成本法　　D. 在产品按所耗直接材料成本计价法

35. 甲产品的各月末在产品数量相差不多，为了简化核算工作，应采用(　　)。

A. 不计算在产品成本法　　B. 在产品按所耗直接材料成本计价法

C. 按年初数固定计算在产品成本法　　D. 定额比例法

36. 东方厂定额管理基础比较好，能够制定比较准确、稳定的消耗定额，各月末在产品数量变化不大的产品，应采用(　　)。

A. 按定额成本计算在产品成本法　　B. 定额比例法

C. 在产品按所耗直接材料成本计价法　　D. 按年初数固定计算在产品成本法

37. 大华厂定额管理基础比较好，能够制定比较准确、稳定的消耗定额，各月末在产品数量变化较大的产品，应采用(　　)。

A. 定额比例法　　B. 按定额成本计算在产品成本法

C. 在产品按所耗直接材料成本计价法　　D. 按年初数固定计算在产品成本法

38. 按完工产品和月末在产品数量比例，分配计算完工产品和月末在产品的原材料费用，必须具备下列条件(　　)。

A. 产品成本中原材料费用比重较大　　B. 原材料随生产进度陆续投料

C. 原材料在生产开始时一次投料　　D. 原材料消耗定额比较准确、稳定

39. 将在产品视同完工产品，按完工产品和月末在产品的实物数量比例，分配计算完工产品和月末在产品成本，必须具备下列条件(　　)。

A. 月末在产品已接近完工　　B. 原材料在生产开始后分工序一次投料
C. 在产品原材料费用比重较大　　D. 各项消耗定额比较准确、稳定

40. 在计算完工产品成本时，如果不计算在产品成本，必须具备下列条件(　　)。
A. 各月末在产品数量比较稳定　　B. 各月末在产品数量很小
C. 各月末在产品数量较大　　D. 定额管理基础较好

41. 某工序在产品完工程度为(　　)与产品工时定额的比率。
A. 所在工序工时定额
B. 所在工序工时定额之半
C. 所在工序累计工时定额
D. 前面各工序工时定额合计与所在工序工时定额之半的合计数

42. 产品所耗原材料费用在生产开始时一次投料，其完工产品与月末在产品的原材料费用，应按完工产品和月末在产品的下列比例分配计算(　　)。
A. 所耗原材料数量　　B. 在产品约当产量
C. 在产品数量之半　　D. 完工产品与在产品数量

43. 下列方法中属于完工产品与月末在产品之间分配费用的方法是(　　)。
A. 直接分配法　　B. 计划成本分配法
C. 生产工时比例法　　D. 定额比例法

44. 下列方法中不属于完工产品与月末在产品之间分配费用的方法是(　　)。
A. 约当产量比例法　　B. 不计算在产品成本法
C. 年度计划分配率分配法　　D. 定额比例法

45. 制造企业计算月末在产品约当产量的依据是(　　)。
A. 月末在产品数量　　B. 月末在产品数量和完工程度
C. 本月完工产品数量　　D. 月末在产品定额成本和定额工时

46. 原材料在生产开工时一次投入，月末在产品的投料程度应按(　　)计算。
A. 100%　　B. 定额耗用量比例
C. 50%　　D. 定额工时的比例

47. 在产品采用定额成本计价法计算时，其实际成本与定额成本之间的差异应计入(　　)。
A. 在产品成本　　B. 营业外支出
C. 完工产品成本　　D. 期间费用

48. 华丰厂月末有在产品 50 件，完工程度为 80%，则相当于完工产品(　　)件。
A. 50　　B. 25
C. 40　　D. 0

49. 江城汽车配件厂采用约当产量比例法计算完工产品与在产品成本，各工序在产品数量和单位产品在各工序的加工量都相差不多，此时在产品完工程度可按(　　)计算。
A. 80%　　B. 25%
C. 50%　　D. 75%

50. 大华厂只生产一种产品。4 月 1 日期初在产品成本 3.5 万元；4 月份发生如下费用：

生产领用材料6万元，生产工人工资2万元，制造费用1万元，管理费用1.5万元，广告费0.8万元；月末在产品3万元。该企业4月份完工产品的生产成本为(　　)万元。

A. 8.3　　B. 9

C. 9.5　　D. 11.8

51. 东风厂只生产和销售一种产品，4月1日期初在产品成本2.5万元。4月份发生如下费用：领用材料7万元，生产工人工资2万元，制造费用1万元，行政管理部门物料消耗1.5万元，专设销售机构固定资产折旧费0.8万元；月末在产品成本3万元。该企业4月份完工产品的生产成本为(　　)万元。

A. 9　　B. 9.5

C. 8.3　　D. 11.8

二、多项选择题

1. 企业最常用的辅助生产费用分配方法是(　　)。

A. 直接分配法　　B. 交互分配法

C. 代数分配法　　D. 顺序分配法

E. 计划分配率分配法

2. 属于辅助生产费用分配方法的有(　　)。

A. 直接分配法　　B. 交互分配法

C. 代数分配法　　D. 计划成本分配法

E. 顺序分配法

3. 辅助生产费用的直接分配法(　　)。

A. 适用于辅助生产车间不相互提供产品、劳务的情况

B. 适用于辅助生产车间相互提供产品、劳务较少的情况

C. 优点是计算工作简便

D. 优点是计算结果比较准确

4. 按计划成本分配法分配辅助生产费用的优点是(　　)。

A. 分配结果最准确

B. 简化和加速了分配的计算工作

C. 便于考核和分析各受益单位的经济责任

D. 能够反映辅助生产车间产品或劳务实际成本脱离计划的差异

5. 制造费用是车间或分厂为生产产品和提供劳务而发生的各项费用，包括(　　)。

A. 车间管理人员工资及福利费　　B. 车间固定资产折旧费

C. 辅助生产车间无形资产摊销　　D. 车间办公费

6. 制造费用的分配方法有(　　)。

A. 直接成本比例法　　B. 机器工时比例法

C. 生产工时比例法　　D. 生产工人工资比例法

E. 计划分配率分配法

7. 废品损失应该包括(　　)。

A. 不可修复废品的报废损失
B. 可修复废品的修复费用
C. 不合格品的降价损失
D. 产品保管不善的损坏变质损失

8. 下列各项损失中，不属于废品损失的有(　　)。
A. 产品入库后发现的在生产中发生的废品损失
B. 降价出售不合格产品的降价损失
C. 产品入库后因管理不善而损坏变质的损失
D. 出售后发现的废品包修、包退发生的损失

9. 不可修复废品的成本，可以按(　　)。
A. 废品的实际成本计算
B. 废品定额成本计算
C. 废品售价计算
D. 废品残值计算

10. 可修复废品的修复费用应该包括(　　)。
A. 修复废品的材料费用
B. 修复废品的工资费用
C. 修复废品的动力费用
D. 修复废品的销售费用

11. 计算不可修复废品的净损失应包括下列项目(　　)。
A. 不可修复废品的生产成本
B. 废品的残值
C. 废品的应收赔款
D. 废品的材料费

12. “废品损失”账户借方应反映下列项目(　　)。
A. 可修复废品成本
B. 不可修复废品的生产成本
C. 可修复废品的工资费用
D. 可修复废品的动力费用

13. “废品损失”账户贷方反映的项目有(　　)。
A. 废品残料回收的价值
B. 应收的赔款
C. 由本月生产的同种产品合格品产品成本负担的废品净损失
D. 降价出售不合格产品损失

14. 停工损失包括的内容有(　　)。
A. 季节性生产企业停工期内的费用
B. 停工期内耗用的燃料和动力费
C. 停工期内支付的生产工人工资
D. 停工期内应负担的制造费用
E. 停工期内的火灾损失

15. 停工损失包括(　　)。
A. 原材料供应方违约不及时供料引起停工的损失
B. 电力中断引起停工的损失
C. 洪水冲走设备，保险公司的赔款
D. 计划减产造成的停工损失
E. 季节性生产企业的季节性停工而发生的各项费用

16. 期间费用包括(　　)。
A. 财务费用
B. 营业外支出
C. 管理费用
D. 销售费用

17. 期间费用的核算包括(　　)。

A. 管理费用的核算　　B. 销售费用的核算

C. 制造费用的核算　　D. 财务费用的核算

18. 管理费用是企业行政管理部门组织和管理生产经营活动发生的各项费用，包括(　　)。

A. 行政管理部门人员工资及福利费

B. 行政管理部门人员办公费、差旅费

C. 工会经费、职工教育经费

D. 印花税、房产税、车船使用税、土地使用税

19. 下列各项费用中，属于销售费用的有(　　)。

A. 为销售企业产品而专设销售机构的各项经费

B. 广告费

C. 销售产品运输费

D. 委托代销手续费

20. 下列各项费用中，属于财务费用的有(　　)。

A. 利息支出（减利息收入）　　B. 汇兑损失（减汇兑收益）

C. 金融机构手续费　　D. 业务招待费

21. 下列项目中，属于期间费用抵减项目的是(　　)。

A. 固定资产盘盈　　B. 材料、在产品盘盈

C. 汇兑收益　　D. 利息收入

22. 期间费用月末结转时，应记入(　　)。

A. “本年利润”账户借方　　B. “管理费用”账户贷方

C. “财务费用”账户借方　　D. “销售费用”账户贷方

23. 江城机械制造厂发生以下支出，可以计入产品成本的费用是(　　)。

A. 车间厂房折旧费　　B. 车间机物料消耗

C. 房产税、车船使用税　　D. 有助于产品形成的辅助材料

24. 广义在产品包括(　　)。

A. 正在各个车间加工中的在制品

B. 已经完成一个或几个生产步骤，但还需继续加工的自制半成品

C. 外部购入的半成品

D. 已完工但尚未验收入库的产成品

E. 等待返修的废品

25. 在产品清查盘点后，对于盘亏、毁损的在产品的结果处理时，可能借记的账户是(　　)。

A. “管理费用”　　B. “其他应收款”

C. “营业外支出”　　D. “基本生产成本”

E. “制造费用”

26. 生产费用在完工产品与在产品之间分配的方法有(　　)。

A. 约当产量比例法　　B. 定额比例法

C. 交互分配法　　D. 不计算在产品成本法

27. 采用约当产量比例法在完工产品与月末在产品之间分配生产费用时应具备的条件是(　　)。

A. 月末在产品数量较大　　B. 各月在产品数量变动不大

C. 各月在产品数量变化较大　　D. 产品成本中的各项费用比例相差不多

28. 选择生产费用在完工产品与在产品之间分配方法应考虑的因素有(　　)。

A. 在产品数量的多少　　B. 各月末在产品数量变化的大小

C. 各项费用在成本中所占的比重的大小　　D. 定额管理基础的好坏

29. 在某种产品月初、月末在产品数量不同的情况下，1 月份计算产品成本时，能够使本月发生的费用等于本月完工产品成本的方法是(　　)。

A. 不计算在产品成本法　　B. 按年初数固定计算在产品成本法

C. 约当产量比例法　　D. 按定额成本计算在产品成本法

30. 完工产品与月末在产品之间分配费用的约当产量比例法可以用来分配(　　)。

A. 直接材料　　B. 直接人工

C. 制造费用　　D. 管理费用

31. 完工产品与在产品之间分配费用，采用在产品按固定成本计价法，适用于(　　)的产品。

A. 各月末在产品数量很大

B. 各月末在产品数量较小

C. 各月末在产品数量变化较大

D. 各月末在产品数量虽大，但各月之间变化不大

32. 采用按所耗原材料费用计算在产品成本法，分配完工产品和月末在产品费用，应具备下列条件(　　)。

A. 原材料费用在产品成本中占比重较大　　B. 各月在产品数量比较稳定

C. 各月末在产品数量较大　　D. 各月末在产品数量变化较大

33. 采用在产品按定额成本计价法分配完工产品和月末在产品费用，应具备下列条件(　　)。

A. 定额管理基础较好　　B. 各项消耗定额变动较大

C. 各月末在产品数量变化较小　　D. 各月末在产品数量变化较大

34. 采用定额比例法分配完工产品和在产品费用，应具备以下条件(　　)。

A. 消耗定额比较准确　　B. 消耗定额比较稳定

C. 各月末在产品数量变化不大　　D. 各月末在产品数量变化较大

35. 采用约当产量比例法，必须正确计算在产品的约当产量，而在产品约当产量正确与否，取决于在产品完工程度的测定，测定在产品完工程度（完工率）的方法有(　　)。

A. 定额工时

A. 按 50% 平均计算各工序完工率（完工程度）

A. 分工序分别计算完工率（完工程度）

D. 按定额比例法计算

36. 某企业 A 产品经两道工序加工完成，两道工序单位完工产品工时定额分别为 60 小时和 40 小时，则两道工序在产品工资费用的完工率分别为(　　)。

A. 30%　　　　B. 80%

C. 60%　　　　D. 40%

E. 100%

37. 各月份在产品数量较多而且变化也较大，在完工产品与月末在产品之间分配生产费用时，不宜采用的方法有(　　)。

A. 在产品不计算成本法　　　　B. 在产品按固定成本计价法

C. 约当产量法　　　　D. 在产品按定额成本计价法

E. 在产品按完工产品成本计价法

38. 企业在产品约当产量实际计算时，涉及(　　)因素。

A. 在产品数量　　　　B. 完工程度

C. 预计废品率　　　　D. 完工入库程度

E. 费用分配率

39. 企业完工产品成本结转，应(　　)。

A. 借记“库存商品”账户　　　　B. 借记“发出商品”账户

C. 借记“基本生产成本”账户　　　　D. 贷记“基本生产成本”账户

E. 贷记“制造费用”账户

三、判断题

1. 采用交互分配法分配辅助生产费用时，对外分配的辅助生产费用，应为交互分配前的费用加上交互分配时分配转入的费用。(　　)

2. 采用代数分配法分配辅助生产费用时，应用代数中解联立方程的原理，直接分配各受益车间、部门应负担的费用，不需计算辅助生产产品或劳务的单位成本。(　　)

3. 采用计划成本分配法分配辅助生产费用时，计算出的辅助生产车间实际发生的费用，是完全的实际费用。(　　)

4. 期间费用包括管理费用、财务费用和辅助生产费用。(　　)

5. 制造费用大部分是间接用于产品生产的费用。(　　)

6. 制造费用期末进行分配时，应计入“基本生产成本”账户。(　　)

7. 废品损失是指废品的报废损失，即不可修复废品的生产成本扣除回收材料、废品价值后的净损失。(　　)

8. 如果是因为料废原因而导致的废品，应照付计件工资。(　　)

9. 不单独核算废品损失的企业，可修复废品的损失应直接计入有关的成本项目。(　　)

10. 产品入库后由于保管不善等原因而损坏变质的损失应作为管理费用处理。(　　)

11. 季节性生产企业在停工期内所发生的费用应全部在制造费用账户加以归集，并由全年所生产的产品成本负担。(　　)

12. 在产品数量的日常核算，可以通过设置“在产品台账”来进行。(　　)

13. 广义在产品包括返修的废品和等待返修的废品。（ ）

14. 企业所有产品均需要在月末将其生产费用的累计数在完工产品与月末在产品之间进行分配，才能计算出完工产品的成本。（ ）

15. 在产品发生盘亏和毁损时，应借记“待处理财产损溢”账户，贷记“基本生产成本”账户，冲减在产品的账面价值。（ ）

16. 处理在产品盘亏和毁损时，一律应借记“营业外支出”账户，贷记“待处理财产损溢”账户。（ ）

17. 由于自然灾害造成的非常损失，应收保险赔款部分转入“其他应收款”账户，其余转入“营业外支出”账户。（ ）

18. 在产品盘盈时，按计划成本或定额成本借记“基本生产成本”账户，贷记“待处理财产损溢”账户。（ ）

19. 经批准核销在产品盘盈时，应借记“待处理财产损溢”账户，贷记“管理费用”账户，冲减管理费用。（ ）

20. 各月末的在产品数量变化不大的产品，可以不计算月末在产品成本。（ ）

21. “基本生产成本”总账的月末余额，就是基本生产在产品的成本，应与所属各种产品成本明细账中月末在产品之和核对相符。（ ）

22. 狭义在产品是指正在某车间或某生产步骤中加工的在产品。（ ）

23. 采用不计算在产品成本法时，某种产品某月发生的生产费用之和，就是该月该种产品的完工产品成本。（ ）

24. 月末在产品数量相差不多，各月之间在产品数量变化也较大的产品，其月末在产品可以按年初数固定成本计价。（ ）

25. 采用按年初数固定计算在产品成本法时，某种产品本月发生的生产费用就是本月完工产品的成本。（ ）

26. 采用在产品按所耗原材料费用计价时，某种产品月末在产品只计算所耗的原材料费用，不计算工资等其他费用，产品的其他费用全部计入完工产品成本。（ ）

27. 约当产量比例法适用于月末在产品数量较大、各月末在产品数量变化也较大、产品成本中直接材料费用和直接人工及制造费用的比重相差不大的产品。（ ）

28. 约当产量是指月末在产品数量按照完工程度折算的相当于完工产品的产量。（ ）

29. 某工序在产品的完工率是该工序累计的工时定额与完工产品工时定额的比率。（ ）

30. 在产品完工率的计算公式为：

$$\text{某工序在产品的完工率}=\frac{\text{前面各道工序工时定额之和}+\text{本工序工时定额}}{\text{产品工时定额}}$$（ ）

31. 完工产品与月末在产品之间分配费用的约当产量比例法适用于工资等其他费用的分配，不适用于原材料费用的分配。（ ）

32. 采用约当产量法分配费用时，全部在产品完工程度均可按50%平均计算。（ ）

33. 某工序计算在产品完工率的计算公式为：

$$\text{某工序在产品完工率}=\frac{\text{前面各工序工时定额之和}+\text{本工序工时定额}\times 50\%}{\text{产品工时定额}}$$（ ）

34. 月初在产品成本、本月生产费用、本月完工产品成本和月末在产品成本四者之间的关系，用公式表示为：

月末在产品成本 + 本月生产费用 = 本月完工产品成本 + 月初在产品成本 （ ）

35. 直接分配法、约当产量比例法、定额比例法等都是完工产品与月末在产品之间分配费用的方法。 （ ）

36. 采用约当产量比例法分配原材料费用的完工率与分配加工费用的完工率是相同的。 （ ）

37. 采用约当产量比例法分配完工产品与月末在产品费用时，计算在产品的完工率（完工程度）有两种方法：一种是平均计算法：即一律按 50% 计算；另一种是各工序分别测定完工程度。 （ ）

38. 定额比例法适用于定额管理基础比较好，各项消耗定额或费用定额比较准确、稳定，而且各月末在产品数量变动不大的产品。 （ ）

39. 按年初数固定计算在产品成本法，适用于各月末在产品数量较大，各月末在产品数量变化也较大，原材料费用在产品成本中占有较大比重的产品。 （ ）

40. 采用在产品按定额成本计价法时，月末在产品的定额成本与实际成本的差异，全部由完工产品负担。 （ ）

41. 当企业原材料在生产开始时一次投入时，原材料费用在完工产品和月末在产品之间进行分配，应按完工产品数量和月末在产品数量比例分配。 （ ）

42. 企业在分配和计算完工产品和月末在产品成本时，如月末在产品已接近完工，或产品已经加工完工但尚未验收或包装入库，在产品可按完工产品计算。 （ ）

43. 企业生产时，原材料不是在生产开始时一次投料，而是随着生产进度陆续投料，原材料费用的分配，应按照完工产品的产量和月末在产品的数量比例进行分配。 （ ）

44. 通过对在产品成本的计算，从而计算出完工产品的生产成本，然后将其转入“库存商品”账户。 （ ）

四、实训题

实 训 一

【实训内容】辅助生产费用发生的核算。

【实训资料】震宇厂的辅助生产车间生产低值易耗品专用工具一批，为了简化核算，不单独核算辅助生产制造费用。11 月份发生下列业务：

（1）生产专用工具领用原材料 6 800 元，车间一般性耗料 600 元。

（2）生产工人工资 6 400 元，其他人员工资 1 000 元。

（3）按工资总额 14% 的比例提取应付福利费。

（4）燃料和动力费用 2 800 元，通过银行转账支付。

（5）计提固定资产折旧费 2 200 元。

（6）以银行存款支付修理费、水费、邮电费、办公费、劳动保护费等，共计 1 600 元。

（7）专用工具完工，结转实际成本。

【实训要求】根据资料进行账务处理。

实 训 二

【实训内容】辅助生产费用分配的直接分配法。

【实训资料】华飞厂有运输和修理两个辅助生产车间，其待分配费用分别为 7200 元和 13500 元，为了简化核算，不单独核算辅助生产制造费用，其劳务提供情况如表 3－1 所示。

表 3－1

供应对象		运输劳务（吨公里）	修理劳务（工时）
辅助生产车间	运输车间		3 000
	修理车间	1 500	
基本生产车间		12 000	21 000
行政管理部门		6 000	3 000
专设销售机构		4 500	3 000
合　计		24 000	30 000

【实训要求】用直接分配法对辅助生产费用进行分配，并进行账务处理。

实　训　三

【实训内容】辅助生产费用分配的交互分配法。

【实训资料】同实训二。

【实训要求】用交互分配法对辅助生产费用进行分配，并进行账务处理。

1. 交互分配。

2. 对外分配。

实　训　四

【实训内容】制造费用的核算（生产工时比例法）。

【实训资料】华星厂基本生产车间生产甲、乙两种产品，其中甲产品耗用工时 6 000 小时，乙产品耗用工时 4 000 小时。本月累计发生制造费用总额为 11 000 元。

【实训要求】用生产工时比例法分配制造费用，并进行相应的账务处理。

实 训 五

【实训内容】制造费用的核算（生产工时比例法）。

【实训资料】振兴厂基本生产车间生产甲、乙、丙三种产品，共计生产工时 22 000 小时，其中，甲产品 7 500 小时，乙产品 8 500 小时，丙产品 6 000 小时。本月发生各种间接费用如下：

（1）以银行存款支付劳动保护费 1 300 元。

（2）车间管理人员工资 4 000 元。

（3）按车间管理人员工资的 14% 提取应付福利费。

（4）车间消耗材料 1 700 元。

（5）车间固定资产折旧费 1 600 元。

（6）支付修理费 900 元。

（7）辅助生产车间（修理、运输）转入费用 1 200 元。

（8）以银行存款支付办公费、水电费、邮电费及其他支出等共计 1 940 元。

【实训要求】

1. 根据上列资料编制制造费用发生的会计分录。

2. 采用生产工时比例法在各种产品之间分配制造费用。

3. 编制制造费用分配的会计分录。

实 训 六

【实训内容】制造费用的核算（生产工人工资比例法）。

【实训资料】宏达厂2013年11月基本生产车间归集的制造费用总额为18 000元。

本月支付给生产甲、乙、丙三种产品生产工人的工资分别为15 000元、30 000元、45 000元。

【实训要求】

1. 采用生产工人工资比例法分配制造费用。

2. 编制制造费用分配表。

3. 编制制造费用分配的会计分录。

实 训 七

【实训内容】可修复废品损失的核算。

【实训资料】宏达厂11月份基本生产车间生产完工甲产品1 200件，验收入库时发现有20件是可修复废品。本月修复甲产品领用C材料700元，实际耗用工时50小时，小时工资费用分配率为22.33元，小时制造费用分配率为15元，经修复甲产品已验收入库。按规定本月发生的20件可修复废品应由操作工人秦涛赔偿800元。月末结转废品净损失。

【实训要求】

1. 根据资料编制会计分录。

2. 根据会计分录登记废品损失明细账（见表3－2）。

表3－2　　废品损失明细账

产品名称：　　单位：元

年		凭证字号	摘要	借方	贷方	余额
月	日					

实 训 八

【实训内容】不可修复废品损失的核算（实际成本）。

【实训资料】宏达厂11月份基本生产车间生产乙产品，本月投产300件，完工验收入库时发现废品20件。乙产品成本明细账所记的全部生产费用为：直接材料12 000元，直接人工12 600元，制造费用7 200元。原材料在生产开始时一次投入。废品残料价值50元，废品折合为约当产量10件。

【实训要求】

1. 根据以上资料，计算20件不可修复废品的成本。

2. 编制不可修复废品损失计算表（见表3－3）。

表3－3　　不可修复废品损失计算表

生产车间：　　　　　　　　　　　　　　　　　　废品数量：件

产品名称：　　　　　　　年　月　　　　　　　　金额单位：元

项目	直接材料	直接人工	制造费用	合计
废品所耗实际费用				
减：残值				
废品损失				

3. 编制有关废品损失的会计分录。

4. 登记废品损失明细账（见表3－4）。

表3－4 废品损失明细账

产品名称： 单位：元

年		凭证字号	摘要	借方	贷方	余额
月	日					

5. 基本生产成本明细账（见表3－5）。

表3－5 基本生产成本明细账

产品名称： 单位：元

年		凭证字号	摘要	直接材料	直接人工	制造费用	废品损失	合计
月	日							

实 训 九

【实训内容】不可修复废品损失的核算（定额费用）。

【实训资料】宏达厂12月份基本生产车间生产乙产品，本月投产300件，完工验收入库时发现废品10件。原材料在生产开始时一次投入。每件乙产品的材料费用定额80元，工时定额6小时，每小时定额人工费用3元，每小时定额制造费用2元。废品残料价值150元，已交原材料仓库。按规定应由过失人黄强赔偿600元。

【实训要求】

1. 采用定额成本计算乙产品10件不可修复废品成本和废品净损失。

2. 根据计算结果进行账务处理。

实 训 十

【实训内容】停工损失的计算。

【实训资料】宏达厂9月份基本生产车间由于设备故障停工2天，停工期间支付生产工人工资薪酬费用12 000元；由于外部供电线路故障停工3天，停工期间支付生产工人工资14 000元，损失材料费用2 000元，分摊制造费用8 000元。

【实训要求】根据资料进行账务处理。

实 训 十 一

【实训内容】停工损失的分配。

【实训资料】宏达厂11月份基本生产车间生产甲、乙、丙三种产品，由于设备故障造成的停工损失12 000元计入产品成本（甲产品7 000元，乙产品3 000元，丙产品2 000元）；由于外部线路原因造成停工损失24 000元，供电局已同意赔偿18 000元，净损失6 000元列作营业外支出。

【实训要求】进行有关索赔和分配结转停工损失的账务处理。

实训十二

【实训内容】不计算在产品成本法。

【实训资料】宏达厂甲产品每月末在产品的数量较少，采用不计算在产品成本法。11 月份发生生产费用：直接材料 9 600 元，直接人工 1 800 元，制造费用 800 元。本月完工产品 200 件，月末在产品 2 件。

【实训要求】计算 11 月份甲产品完工产品的总成本和单位成本。

实训十三

【实训内容】在产品按固定成本计算法。

【实训资料】东方厂甲产品每月在产品数量较大，但各月末在产品数量变化不大，采用在产品按固定成本计算法。月初在产品成本：直接材料 6 000 元，直接人工 1 400 元，制造费用 1 200 元。11 月份生产费用：原材料费用 14 000 元，直接人工 3 800 元，制造费用 2 020元。本月完工产品 200 件，月末在产品 100 件。

【实训要求】

（1）计算本月甲产品完工产品的总成本和单位成本。

（2）登记甲产品成本计算单（见表 3－6）。

表 3－6 产品成本计算单

年 月

产品：

完工产品：

在 产 品：

项目	直接材料	直接人工	制造费用	合计
月初在产品本月生产费用				
生产费用合计				
完工产品总成本				
完工产品单位成本				
月末在产品成本				

实训十四

【实训内容】在产品按直接材料成本计价法。

【实训资料】大华厂生产乙产品，月初在产品直接材料费用为 7 300 元，本月发生直接材料费用 10 700 元，直接人工 6 000 元，制造费用 2 000 元。本月完工产品 150 件，月末在产品 50 件。原材料是在生产开始时一次投入的。

【实训要求】采用在产品按直接材料成本计价法计算完工产品总成本和月末在产品成本。

实训十五

【实训内容】在产品按完工产品成本计算法。

【实训资料】振兴厂生产丙产品的月初在产品成本为：直接材料 24 340 元，直接人工 7 610元，制造费用 27 890 元，合计 59 840 元；本月生产费用为：直接材料 62 280 元，直接人工 13 130 元，制造费用 28 230 元，合计 103 640 元。本月完工产品 810 件，月末在产品 410 件。月末在产品已接近完工。

【实训要求】采用在产品按完工产品成本计算法计算完工产品和月末在产品成本。

实 训 十 六

【实训内容】 在产品按定额成本计价法。

【实训资料】

（1）震宇厂生产甲产品。其各项定额为：单位产品直接材料费用定额为500元，单位在产品定额工时共计32小时，每小时人工费用定额4元，制造费用8元。

（2）本月甲产品完工400件，月末在产品100件。月初在产品和本月生产费用合计为：直接材料537 000元，直接人工120 000元，制造费用253 000元。

【实训要求】 采用在产品按定额成本计价法计算本月完工产品成本和月末在产品成本。

实 训 十 七

【实训内容】 在产品投料程度的计算。

【实训资料】 震宇厂生产的乙产品经两道工序制成，各工序原材料消耗定额为：第1工序260千克，第2工序140千克。

【实训要求】

（1）计算各工序一次投料程度（原材料在各该工序生产开始时一次投料的完工率，即投料程度）。

（2）计算各工序陆续投料程度（原材料在各该工序生产开始后陆续投料的完工率，即投料程度）。

实 训 十 八

【实训内容】在产品完工程度（完工率）的计算。

【实训资料】震宇厂生产的甲产品经两道工序制成，完工产品工时定额为 40 小时，第 1 道工序为 14 小时，第 2 道工序为 26 小时。每道工序在产品工时定额按本工序工时定额的 50% 计算。

【实训要求】计算甲产品第 1、第 2 两道工序在产品的完工程度。

实 训 十 九

【实训内容】在产品完工程度的计算。

【实训资料】大华厂生产的丙产品分两道工序制成，丙产品工时定额为 50 小时，其中，第 1 道工序 26 小时，第 2 道工序 24 小时，每道工序按本工序工时定额的 50% 计算。在产品数量：第 1 工序 1 200 件，第 2 工序 1 500 件。

【实训要求】

（1）分工序计算在产品的完工程度。

（2）分工序计算在产品的约当产量。

实 训 二 十

【实训内容】约当产量比例法。

【实训资料】华星厂生产乙产品，需经过三道工序连续加工而成，原材料在生产开始时一次投入，有关资料如下：

乙产品本月完工 100 件，在产品 380 件，第 1 ~ 3 道工序的工时定额及期末在产品结存量资料如表 3 – 7 所示（各工序内平均完工程度按 50% 计算）。

表 3 – 7

工序	工时定额	在产品结存量
1	20	100
2	30	200
3	50	80
合计	100	380

乙产品的月初在产品成本和本月费用资料如表 3 – 8 所示。

表 3 – 8　　单位：元

成本项目	直接材料	直接人工	制造费用	合　计
月初在产品成本	9 480	2 340	3 060	14 880
本月生产费用	11 400	3 504	4 200	19 104
合计	20 880	5 844	7 260	33 984

【实训要求】根据以上资料采用约当产量比例法计算完工产品成本和月末在产品成本。

实训二十一

【实训内容】约当产量比例法。

【实训资料】东风厂生产甲产品由三道工序制成，原材料在生产开始时一次投入。单位产品工时定额为 40 小时，第 1 道工序工时定额为 8 小时，第 2 道工序工时定额为 16 小时，第 3 道工序工时定额为 16 小时，各道工序在产品加工程度均按 50% 计算。本月甲产品完工 200 件，各工序在产品数量：第 1 道工序 20 件，第 2 道工序 40 件，第 3 道工序 60 件。月初在产品及本月生产费用累计为：直接材料费用 16 000 元，直接人工费 7 980 元，制造费用 8 512元。

【实训要求】

（1）分工序计算完工率（完工程度）。

（2）分工序计算在产品约当产量。

（3）计算费用分配率。

（4）计算完工产品成本和月末在产品成本。

（5）编制完工产品入库的会计分录。

实训二十二

【实训内容】用约当产量比例法分配原材料费用。

【实训资料】华宇厂生产乙产品由两道工序制成。原材料随生产进度分工序投料，在每道工序开始时一次投料。第 1 道工序投入原材料定额为 280 千克，月末在产品数量 3 200 件；第 2 道工序投入原材料定额为 220 千克，月末在产品数量 2 400 件。完工产品为 8 400 件，月初在产品和本月发生的实际直接材料费用累计 528 864 元。

【实训要求】

（1）分别计算两道工序的在产品投料程度。

（2）分别计算两道工序的在产品约当产量。

（3）按约当产量比例法分配完工产品与月末在产品的直接材料费用。

实训二十三

【实训内容】约当产量比例法。

【实训资料】华飞厂生产乙产品由两道工序制成。原材料不是在生产开始时一次投入，而是在生产开始以后陆续投入。第 1 道工序原材料消耗定额为 280 千克，月末在产品数量 3 200 件；第 2 道工序原材料消耗定额为 220 千克，月末在产品数量 2 400 件。完工产品 8 200 件，月初在产品和本月发生的实际原材料费用累计 493 560 元。

【实训要求】

（1）分别计算两道工序的在产品投料程度。

（2）分别计算两道工序的在产品约当产量。

（3）采用约当产量比例法分配完工产品与月末在产品的直接材料费用。

五、案例分析题

华丰厂为单步骤生产企业，设有一个基本生产车间，大量生产甲、乙两种产品；甲、乙两种产品共同耗用的材料费用按定额分配；生产工人工资按生产工时比例分配；制造费用按生产工时比例分配。该企业有关资料如下：

（1）总工时记录：甲产品共 1 000 小时，乙产品共 1 500 小时。

（2）A 材料定额：甲产品共 2 000 千克，乙产品共 1 000 千克。

（3）本月发生费用见表 3－9、3－10、3－11。

表 3－9　本月发生材料费用表　单位：元

用　途	共同耗用 A 材料	直接领用 B 材料
甲产品		2 000
乙产品		4 000
小计	9 000	6 000
基本生产车间一般耗用		1 000
合计	9 000	7 000

表 3－10　本月工资及其他薪酬费用表　单位：元

人员类别	应付工资	其他薪酬费用
生产工人工资	10 000	1 400
基本车间管理人员	2 000	280
管理人员工资	3 000	420
合计	15 000	2 100

表 3-11　　折旧及其他费用表　　单位：元

使用单位	折旧费用	其他费用（办公）
基本生产车间	11 000	720
管理部门	4 000	1 000
合计	15 000	1 720

请根据案例资料回答下列问题：

（1）“基本生产成本——甲产品”明细账中直接材料费用是(　　)元。

A. 6 000　　B. 3 000

C. 9 000　　D. 8 000

（2）“基本生产成本——乙产品”明细账中直接材料费用是(　　)元。

A. 7 000　　B. 3 000

C. 4 000　　D. 15 000

（3）“基本生产成本——甲产品”明细账中直接人工费用是(　　)元。

A. 4 000　　B. 4 560

C. 10 000　　D. 1 400

（4）“基本生产成本——乙产品”明细账中直接人工费用是(　　)元。

A. 6 000　　B. 840

C. 6 840　　D. 1 400

（5）“制造费用——基本车间”明细账中费用总额是(　　)元。

A. 15 000　　B. 1 000

C. 2 280　　D. 11 720

（6）甲产品承担的制造费用是(　　)元。

A. 6 000　　B. 9 000

C. 15 000　　D. 4 688

（7）乙产品承担的制造费用是(　　)元。

A. 6 000　　B. 9 000

C. 15 000　　D. 4 688

（8）本月生产费用总额是(　　)元。

A. 33 100　　B. 56 400

C. 49 820　　D. 41 400

单元四
产品成本计算的基本方法

一、单项选择题

1. 生产特点和管理要求对于产品成本计算的影响，主要表现在(　　)。
A. 产品生产的品种上
B. 成本计算对象的确定上
C. 生产费用在完工产品与在产品之间的划分
D. 产品成本计算期

2. 产品成本计算的基本方法不包括(　　)。
A. 品种法　　B. 分批法
C. 分步法　　D. 分类法

3. 在一个企业或车间内部(　　)。
A. 能结合使用多种成本计算方法计算成本
B. 能同时使用几种成本计算方法计算成本
C. 不能同时使用几种成本计算方法计算成本
D. 只能使用某一种成本计算方法

4. 小批生产的多步骤生产，如果在管理上要求分步计算成本，可以采用的产品成本计算方法是(　　)。
A. 分批法　　B. 分批法与分步法结合应用
C. 分步法　　D. 以上答案都不对

5. 计算一种产品的成本时，能(　　)。
A. 同时应用几种成本计算方法　　B. 结合应用几种成本计算方法
C. 同时应用分步法与分批法　　D. 结合应用分步法与分批法

6. 下列各项中，属于产品成本计算辅助方法的是(　　)。
A. 品种法　　B. 分批法
C. 分步法　　D. 分类法

7. 下列各项中，属于各种产品成本计算方法都必须提供的是(　　)。
A. 按品种反映的产品成本　　B. 按批别反映的产品成本
C. 按生产步骤反映的产品成本　　D. 按计划反映的产品成本

8. 区别各种产品成本计算基本方法的标志是(　　)。
A. 成本计算期间　　B. 成本计算对象
C. 间接计入费用的分配方法　　D. 在产品费用的分配方法

9. 下列各项中，被称为最基本的成本计算方法是(　　)。

A. 品种法　　B. 分批法

C. 分步法　　D. 分类法

10. 将品种法、分批法和分步法概括为产品成本计算的基本方法，主要是因为它们(　　)。

A. 应用得最广泛　　B. 计算方法最简便

C. 对成本管理最重要　　D. 是计算产品实际成本必不可少的方法

11. 分类法是在产品品种、规格繁多，但可按一定标准对产品进行分类的情况下，为了(　　)而采用的。

A. 计算各类产品成本　　B. 简化成本计算工作

C. 加强各类产品成本管理　　D. 提高计算的准确性

12. 定额法是为了(　　)而采用的。

A. 加强成本的定额管理　　B. 简化成本计算工作

C. 计算产品的定额成本　　D. 提高计算的准确性

13. 划分产品成本计算的基本方法和辅助方法的标准是(　　)。

A. 成本计算工作的简繁　　B. 对成本管理作用的大小

C. 应用是否广泛　　D. 对于计算产品实际成本是否必不可少

14. 工业企业按生产工艺过程的特点分类，可以分为(　　)。

A. 大量和单件生产　　B. 单步骤和多步骤生产

C. 大量和小批量生产　　D. 大量、小批量和单件生产

15. 品种法是产品成本计算的(　　)。

A. 主要方法　　B. 重要方法

C. 最基本方法　　D. 最一般方法

16. 在大量大批多步骤生产的情况下，如果管理上不要求分步骤计算产品成本，其所采用的成本计算方法应是(　　)。

A. 品种法　　B. 分批法

C. 分步法　　D. 分类法

17. 适用于大量大批的单步骤生产的产品成本计算方法是(　　)。

A. 品种法　　B. 分类法

C. 分步法　　D. 分批法

18. 采用品种法计算产品成本，成本计算期(　　)。

A. 与会计报告期一致　　B. 与会计报告期不一致

C. 与生产周期一致　　D. 与营业周期一致

19. 品种法在产品成本明细账内按照(　　)设置专栏。

A. 要素费用　　B. 成本项目

C. 产品品种　　D. 产品规格

20. 采用品种法计算产品成本，应根据各种产品成本明细账中的本月完工产品成本，汇总编制(　　)。

A. 完工产品费用结转表　　B. 完工产品费用分配表
C. 完工产品成本计算表　　D. 完工产品成本汇总表

21. 品种法下，企业如果生产两种或两种以上产品，则需要按照各产品的(　　)分别开设成本明细账。
A. 批别　　B. 品种
C. 类别　　D. 定额

22. 品种法一般都定期在(　　)计算产品的生产成本。
A. 生产周期末　　B. 产品销售时
C. 月末　　D. 产品完工时

23. 品种法的计算程序体现着产品成本计算的(　　)。
A. 复杂程序　　B. 特殊程序
C. 简单程序　　D. 一般程序

24. 品种法在本期完工产品和期末在产品之间分配生产费用的特点是(　　)。
A. 没有在产品，不需要分配
B. 通常有在产品，需要分配
C. 管理上不要求分步计算成本的多步骤生产通常有在产品，需要分配
D. 大量大批单步骤生产都有在产品，需要分配

25. 品种法的成本计算期与(　　)是不一致的，一般是按月进行的。
A. 生产周期　　B. 会计核算期
C. 会计分期　　D. 生产日期

26. 华阳电厂是一家火力发电企业，企业成本核算方法适宜选择(　　)。
A. 品种法　　B. 分步法
C. 分批法　　D. 分类法

27. 在实际成本核算工作中，企业成本核算对象可以确定为(　　)。
A. 产品的原材料　　B. 产品的人工费
C. 产品的品种　　D. 企业的车间

28. 三隆食品厂生产饼干系列和面包系列产品，企业成本核算基本方法适宜选择(　　)。
A. 品种法　　B. 分步法
C. 分批法　　D. 分类法

29. 三峡造纸厂设有两个基本生产车间，即制浆、制纸车间，管理上各车间均不实行经济核算，企业成本核算方法适宜选择(　　)。
A. 分类法　　B. 分步法
C. 分批法　　D. 品种法

30. 九里山煤矿有限责任公司，应以(　　)作为成本核算对象。
A. 产品批号　　B. 产品品种
C. 产品的生产步骤　　D. 产品的类别

31. 在小批单件多步骤生产的情况下，如果管理不要求分步计算产品成本，应采用的成

本计算方法是(　　)。

A. 分批法　　B. 分步法

C. 分类法　　D. 定额成本法

32. 产品成本计算分批法的成本计算对象是(　　)。

A. 产品的品种　　B. 产品的批别

C. 产品的生产步骤　　D. 产品的类别

33. 下列各项中，不适用于产品成本计算分批法的是(　　)。

A. 精密仪器制造　　B. 船舶制造

C. 采矿　　D. 重型机械制造

34. 分批法适用的生产组织形式是(　　)。

A. 大量大批生产　　B. 大量生产

C. 大量大批多步骤生产　　D. 单件小批生产

35. 采用简化的分批法，在产品完工之前，产品成本明细账(　　)。

A. 不登记任何费用

B. 只登记直接材料费用和生产工时

C. 只登记原材料费用

D. 登记间接计入费用，不登记直接计入费用

36. 在简化的分批法下，累计间接计入费用分配率(　　)。

A. 只是在各批产品之间分配间接计入费用的依据

B. 只是在各批在产品之间分配间接计入费用的依据

C. 既是各批之间，也是完工产品与在产品之间分配间接计入费用的依据

D. 只是完工产品与在产品之间分配间接计入费用的依据

37. 下列情况中，不宜采用简化分批法的是(　　)。

A. 各月间接计入费用水平相差较多　　B. 月末未完工产品的批数较多

C. 同一月份投产的批数很多　　D. 各月间接计入费用水平相差不多

38. 天鹅印刷厂对外承接各种印刷业务，企业成本核算方法适宜选择(　　)。

A. 品种法　　B. 分步法

C. 分批法　　D. 分类法

39. 千羽制衣厂是单件小批生产企业，同一月份内投产的产品批数非常多，成本核算基本方法应采用(　　)。

A. 分步法　　B. 简化分批法

C. 品种法　　D. 分批法

40. 迎新模具有限责任公司是一家民营企业，主要承担各种模具的签订制作和销售，企业成本核算方法适宜选择(　　)。

A. 品种法　　B. 分步法

C. 分批法　　D. 分类法

41. 简化的分批法，(　　)。

A. 不分配结转完工产品直接计入费用　　B. 不分配结转未完工产品直接计入费用

C. 不分配结转完工产品间接计入费用　　D. 不分配结转未完工产品间接计入费用

42. 采用分批法计算产品成本时，应按(　　)。

A. 每种产品设置产品成本明细账　　B. 每批产品设置产品成本明细账

C. 每个类别设置产品成本明细账　　D. 每个步骤设置产品成本明细账

43. 产品成本计算不定期，一般也不存在完工产品与在产品之间费用分配问题的成本计算方法是(　　)。

A. 平行结转分步法　　B. 逐步结转分步法

C. 分批法　　D. 品种法

44. 采用简化的分批法计算产品成本，对发生的间接费用，可以先在(　　)中按成本项目累计起来。

A. 生产成本明细账　　B. 生产成本二级账

C. 生产成本总账　　D. 间接费用明细账

45. 采用(　　)计算产品成本，必须设置基本生产成本二级账。

A. 品种法　　B. 简化分批法

C. 平行结转分步法　　D. 定额法

46. 下列方法中，属于不计算半成品成本的分步法是(　　)。

A. 逐步结转法　　B. 综合结转法

C. 分项结转法　　D. 平行结转法

47. 采用逐步结转分步法，按照半成品成本在下一步骤成本明细账中的反映方法，可以分为(　　)。

A. 实际成本结转法和计划成本结转法　　B. 综合结转法和分项结转法

C. 平行结转法和分项结转法　　D. 平行结转法和综合结转法

48. 成本还原的对象是(　　)。

A. 产成品成本

B. 各步骤所耗上一步骤半成品的综合成本

C. 最后步骤的产成品成本

D. 各步骤半成品成本

49. 进行成本还原，应以还原分配率分别乘以(　　)。

A. 本月所产半成品各个成本项目的费用

B. 本月所耗半成品各个成本项目的费用

C. 本月所产该种半成品各个成本项目的费用

D. 本月所耗该种半成品各个成本项目的费用

50. 企业成本核算，需要进行成本还原的方法是(　　)。

A. 逐步综合结转分步法　　B. 逐步分项结转分步法

C. 品种法　　D. 分批法

51. 玉溪机床厂设有三个基本生产车间，即铸造、机加工、装配车间，管理上各车间均实行经济核算，企业成本核算方法适宜选择(　　)。

A. 品种法　　B. 分步法

C. 分批法　　D. 分类法

52. 分步法中，半成品已经转移，但半成品成本不结转的成本结转方式是(　　)。

A. 逐步结转　　B. 综合结转

C. 平行结转　　D. 分项结转

53. 平行结转分步法中在产品的涵义是指(　　)。

A. 本步骤在制品　　B. 最终产成品

C. 狭义在产品　　D. 广义在产品

54. 焦作有色金属冶炼厂，管理上各车间均实行成本控制，成本核算基本方法应选择(　　)。

A. 品种法　　B. 分批法

C. 分步法　　D. 简化分批法

55. 采用逐步结转分步法时，前一生产步骤完工的半成品直接转入后一生产步骤，半成品成本应借记的账户是(　　)。

A. "自制半成品"　　B. "基本生产成本"

C. "原材料"　　D. "制造费用"

56. 综合逐步结转分步法下，成本还原分配率的计算公式是(　　)。

A. $\frac{\text{本月所产半成品成本合计}}{\text{本月产成品成本合计}}$　　B. $\frac{\text{本月产成品成本合计}}{\text{本月所产半成品成本合计}}$

C. $\frac{\text{某步骤领用半成品成本合计}}{\text{上步骤所产该种半成品成本合计}}$　　D. $\frac{\text{本月产成品所耗上一步骤半成品费用}}{\text{本月所产该种完工半成品成本合计}}$

57. 成本还原是将(　　)耗用各步骤半成品的综合成本，逐步分解还原为原始成本项目的成本。

A. 自制半成品　　B. 广义在产品

C. 狭义在产品　　D. 产成品

58. 将上一步骤转入的半成品成本全部记入下一步骤成本计算单中的"自制半成品"成本项目，这种成本结转方式称为(　　)。

A. 分项结转　　B. 综合结转

C. 成本还原　　D. 平行结转

59. 成本还原是指从(　　)一个生产步骤开始，将其耗用的上一步骤自制半成品的综合成本，按照上一步骤完工半成品的成本构成，还原为原来成本项目的成本。

A. 最后　　B. 中间

C. 最前　　D. 任意

60. 逐步结转分步法中在产品的涵义是指(　　)。

A. 自制半成品　　B. 广义在产品

C. 狭义在产品　　D. 半成品和产成品

61. 平行结转分步法中在产品的涵义是指(　　)。

A. 最终产成品　　B. 本步骤在制品

C. 狭义在产品　　D. 广义在产品

62. 在一般情况下，下列企业中适合选择平行结转分步法的有(　　)。
A. 采掘　　B. 纺织
C. 冶金　　D. 重型机械制造

63. 下列企业中，必须采用逐步结转分步法计算产品成本的有(　　)。
A. 发电厂　　B. 有半成品对外销售的企业
C. 单件小批生产企业　　D. 采掘企业

二、多项选择题

1. 企业在确定产品成本计算方法时，必须从企业的具体情况出发，同时考虑以下因素(　　)。
A. 企业的生产特点　　B. 企业生产规模的大小
C. 进行成本管理的要求　　D. 月末有无在产品

2. 产品成本计算的基本方法包括(　　)。
A. 品种法　　B. 分类法
C. 分批法　　D. 分步法

3. 工业企业的生产按照工艺过程划分，可以分为(　　)。
A. 大量生产　　B. 成批生产
C. 单步骤生产　　D. 多步骤生产

4. 下列各项中，属于按生产组织划分的有(　　)。
A. 单步骤生产　　B. 多步骤生产
C. 大量大批生产　　D. 小批单件生产

5. 受生产特点和管理要求的影响，在产品成本计算工作中，有下述几种不同的成本计算对象(　　)。
A. 产品品种　　B. 产品用途
C. 产品批别　　D. 产品生产步骤

6. 产品成本计算的辅助方法包括(　　)。
A. 定额比例法　　B. 系数法
C. 分类法　　D. 定额法

7. 下列方法中，成本计算期与会计报告期一致的有(　　)。
A. 品种法　　B. 逐步结转分步法
C. 分批法　　D. 平行结转分步法

8. 下列企业中，适合运用品种法计算产品成本的有(　　)。
A. 汽车制造业　　B. 发电企业
C. 船舶制造业　　D. 采掘企业

9. 分批法适用于(　　)。
A. 小批生产　　B. 大批生产
C. 单件生产　　D. 多步骤生产

10. 分步法适用于(　　)。

A. 大量生产　　B. 大批生产
C. 多步骤生产　　D. 单步骤生产

11. 品种法是基本方法中的最基本计算方法，是因为(　　)。
A. 不论什么类型企业，采用什么成本计算方法，最终都必须按照产品品种算出成本
B. 按照产品品种计算成本，是产品成本计算的最一般、最起码的要求
C. 计算最简化
D. 应用最广泛

12. 将品种法、分批法和分步法概括为产品成本计算的基本方法，是因为这些方法(　　)。
A. 与生产类型的特点有直接联系　　B. 涉及约当产量的计算
C. 成本计算工作简化　　D. 是计算产品实际成本必不可少的方法

13. 将分类法和定额法归类为产品成本计算的辅助方法是因为这两种方法(　　)。
A. 与生产类型的特点没有直接联系
B. 成本计算工作繁重
C. 在产品成本按固定成本计算
D. 从计算产品实际成本的角度来说不是必不可少

14. 品种法适用于(　　)。
A. 大量大批的单步骤生产
B. 大量大批的多步骤生产
C. 管理上不要求分步计算成本的多步骤生产
D. 小批、单件，管理上不要求分步骤计算成本的多步骤生产

15. 汽车制造、机器制造等生产属于(　　)。
A. 单步骤生产　　B. 大量生产
C. 连续式多步骤生产　　D. 装配式多步骤生产

16. 下列属于品种法成本计算主要特点的是(　　)。
A. 成本计算对象是产品品种
B. 一般每月月末定期计算产品成本
C. 一般月末要将生产费用在完工产品和在产品之间进行分配
D. 成本计算期与产品生产周期一致

17. 下列企业中，适合品种法计算产品成本的有(　　)。
A. 糖果厂　　B. 饼干厂
C. 拖拉机厂　　D. 造船厂
E. 发电厂

18. 采用品种法计算产品成本，需要根据各种费用分配表登记(　　)等。
A. 基本生产成本明细账　　B. 产品成本明细账
C. 辅助生产成本明细账　　D. 制造费用明细账

19. 采用品种法核算的酸奶厂，其250ml产品完工入库，可能计入以下账户(　　)中。

A. 基本生产成本——250ml　　B. 辅助生产成本——250ml
C. 库存商品——250ml　　D. 制造费用——基本生产车间
E. 自制半成品——250ml

20. 分批法成本计算的特点有(　　)。
A. 以生产批号作为成本计算对象
B. 产品成本计算期不固定
C. 按月计算产品成本
D. 一般不需要在完工产品和在产品之间分配生产费用
E. 以生产批号或订单设置生产成本明细账

21. 分批法与品种法的主要区别是(　　)。
A. 成本计算对象　　B. 成本计算期
C. 生产周期　　D. 会计报告期

22. 采用分批法计算产品成本时，在批内产品跨月陆续完工不多的情况下，结转完工产品成本的方法可以是(　　)。
A. 按计划单位成本计算结转
B. 按定额单位成本计算结转
C. 按近期相同产品的实际单位成本计算结转
D. 暂不结转，待全部完工后一并计算结转

23. 采用简化的分批法，在某批产品完工以前，产品成本明细账只需按月(　　)。
A. 登记直接材料费用
B. 只登记间接计入费用，不登记直接计入费用
C. 登记生产工时
D. 不登记任何费用

24. 在简化的分批法下，累计间接计入费用分配率是(　　)。
A. 在各批产品之间分配间接计入费用的依据
B. 在各批完工产品之间分配间接计入费用的依据
C. 批内完工产品与月末在产品之间分配间接计入费用的依据
D. 各批月末在产品之间分配间接计入费用的依据

25. 采用分批法时，作为某一成本计算对象的批别，可以按下列方法确定(　　)。
A. 同一订单中的多种产品　　B. 不同订单中的同种产品
C. 同一订单中同种产品的组成部分　　D. 不同订单中的不同产品

26. 分批法适用于(　　)。
A. 单件生产的企业　　B. 小批生产的企业
C. 新产品的试制　　D. 工业性修理作业
E. 辅助生产车间的工具制造

27. 东海船舶制造有限责任公司是一家制造大型船舶的企业，通常万吨巨轮的工期都在一年以上，合同标的额很高，为了顺利完成任务和控制成本，该企业进行成本核算适宜以下(　　)方法结合运用。

A. 品种法
B. 分步法
C. 分批法
D. 分类法
E. 定额法

28. 在下列企业中，可采用分批法计算产品成本的企业有(　　)。
A. 重型机械厂
B. 船舶制造厂
C. 发电厂
D. 精密仪器厂
E. 纺织厂

29. 采用分步法计算各步骤半成品成本是(　　)。
A. 成本计算的需要
B. 成本控制的要求
C. 对外销售的需要
D. 全面考核和分析成本计划执行情况的要求

30. 采用逐步结转分步法，按照结转的半成品成本在下一步骤产品成本明细账中的反映方法，分为(　　)。
A. 综合结转法
B. 分项结转法
C. 按实际成本结转
D. 按计划成本结转

31. 在下列情况下要求进行成本还原(　　)。
A. 各步骤半成品成本结转采用综合结转法
B. 各步骤半成品按实际成本结转
C. 各步骤半成品按计划成本结转
D. 管理要求从整个企业角度考核和分析产品成本的构成和水平

32. 采用分项结转法结转半成品成本的优点是(　　)。
A. 便于各生产步骤的成本分析
B. 便于各生产步骤完工产品的成本分析
C. 可以直接、正确地提供按原始成本项目反映的产品成本资料
D. 便于从整个企业角度考核和分析产品成本计划的执行情况

33. 平行结转分步法的特点是(　　)。
A. 各生产步骤不计算半成品成本，只计算本步骤所发生的生产费用
B. 各步骤间不结转半成品成本
C. 各步骤计算本步骤所发生的生产费用中应计入产成品成本的“份额”
D. 将各步骤应计入产品成本的“份额”平行结转，汇总计算产成品的总成本和单位成本

34. 平行结转分步法是指(　　)。
A. 各步骤将发生的生产费用平行结转、汇总计入产成品成本的方法
B. 各步骤计算产成品耗用的各种半成品成本，然后平行转入产成品成本的方法
C. 各步骤只计算本步骤发生的生产费用
D. 各步骤只将本步骤生产费用中应计入产成品成本的“份额”，平行转入产成品成本

35. 在平行结转分步法下，完工产品与在产品之间的费用分配，正确的说法是指(　　)两者之间的费用分配。

A. 产成品与广义的在产品

B. 产成品与狭义的在产品

C. 各步骤完工半成品与月末加工中的在产品

D. 应计入产成品的“份额”与广义的在产品

36. 广义的在产品是指(　　)。

A. 尚在本步骤加工中的在产品

B. 转入各半成品库的半成品

C. 已从半成品库转到以后各步骤进一步加工、尚未最后制成的半成品

D. 全部加工中的在产品和半成品

37. 采用平行结转法(　　)。

A. 各步骤可以同时计算产品成本

B. 不能提供半成品成本资料

C. 费用结转与半成品实物转移脱节

D. 不能全面地反映各个生产步骤产品的生产耗费水平

38. 平行结转法适宜在(　　)的情况下采用。

A. 半成品种类多，计算和结转半成品成本工作量大

B. 管理上不要求提供各步骤半成品成本资料

C. 管理上不要求提供按原始成本项目反映的产成品成本资料

D. 管理上不要求全面地反映各个生产步骤的生产耗费水平

39. 与逐步结转分步法相比，平行结转分步法的缺点是(　　)。

A. 各步骤不能同时计算产品成本　　B. 不需要进行成本还原

C. 不能为实物管理和资金管理提供资料　　D. 不能提供各步骤的半成品成本资料

40. 采用平行结转分步法计算产品成本，最后一个生产步骤的产品成本明细账中，能够反映的数据有(　　)。

A. 产成品实际成本

B. 所耗上一步骤的半成品成本

C. 本步骤费用

D. 本步骤费用中应计入产成品成本的份额

41. 企业采用分步法核算产品成本，成本计算对象可以选择(　　)。

A. 产品各生产步骤　　B. 企业各基本生产车间

C. 产品各批次　　D. 产品的各品名

E. 产品的各类别

42. 逐步结转分步法主要是用于(　　)。

A. 自制半成品可以加工为多种产品的企业　　B. 自制半成品可以对外销售的企业

C. 生产多种产品的企业　　D. 需要单独核算半成品的企业

E. 纺织、钢铁、家用电器等企业

43. 采用平行结转分步法计算产品成本时，其主要优点在于(　　)。
A. 各步骤可以同时计算产品成本
B. 能够提供各个步骤的半成品资料
C. 能够直接提供按原始成本项目反映的产品成本资料，不必进行成本还原
D. 能为各生产步骤在产品的实物管理和资金管理提供资料
E. 能够全面反映各该步骤产品的生产耗费水平

44. 在实际进行成本还原时，计算成本还原分配率时所用的指标是(　　)。
A. 本月产成品所耗上一步骤半成品成本合计
B. 本月产成品所耗本步骤半成品成本合计
C. 本月所产该种半成品成本合计
D. 上月所产该种半成品成本合计
E. 上月产成品所耗本步骤半成品成本合计

45. 在下列企业中，一般采用分步法进行成本计算的企业是(　　)。
A. 冶金企业　　B. 纺织企业
C. 造纸企业　　D. 化工企业
E. 发电企业

46. 采用分项结转分步法计算成本时，产品成本明细账上能提供(　　)。
A. 按原始成本项目反映的产成品成本
B. 各步骤所耗用的上一步骤半成品成本
C. 各步骤所生产的完工半成品成本
D. 各步骤费用中应计入产成品成本的份额
E. 各步骤的未完工产品成本

47. 需要进行成本还原的方法有(　　)。
A. 平行结转分步法　　B. 逐步分项结转分步法
C. 按实际成本逐步综合结转分步法　　D. 按计划成本逐步综合结转分步法

48. 下列方法中，成本计算期与会计报告期一致的有(　　)。
A. 品种法　　B. 逐步结转分步法
C. 分批法　　D. 平行结转分步法

49. 逐步结转分步法的特点有(　　)。
A. 计算各步骤半成品成本　　B. 半成品成本随实物的转移而转移
C. 在产品的涵义是广义的在产品　　D. 在产品的涵义是狭义的在产品

50. 平行结转分步法的特点有(　　)。
A. 不计算各步骤半成品成本　　B. 半成品实物转移但成本不转移
C. 在产品是指广义的在产品　　D. 需要进行成本还原

51. 在一般情况下，需要采用逐步结转分步法的企业有(　　)。
A. 有半成品对外销售的企业　　B. 需要考核半成品成本的企业
C. 不要求计算半成品成本的企业　　D. 电力企业

三、判断题

1. 计算产品成本，首先要确定产品成本计算的对象。（　）
2. 划分产品成本计算基本方法的标志是成本计算对象。（　）
3. 不论哪种生产类型，采用哪种成本计算方法，最终都必须按照产品品种计算出产品成本。（　）
4. 企业的生产按工艺过程的特点，可以划分为大量生产、成批生产和单件生产三种类型。（　）
5. 在品种法、分批法、分类法、标准成本法和变动成本法中，标准成本法和变动成本法属于辅助方法，其他方法属于基本方法。（　）
6. 单步骤生产由于工艺过程不能间断，因而只能按照产品的品种计算成本。（　）
7. 产品成本计算方法，按其对成本管理作用的大小，分为基本方法和辅助方法。（　）
8. 产品成本总是相对于一定成本计算对象而言的。（　）
9. 企业成本核算三种基本方法会计计算期一致，这是因为三种基本方法属于同一类别。（　）
10. 成本计算对象就是指生产费用的承担者。（　）
11. 企业根据实际情况将“基本生产成本”和“辅助生产成本”设为一级账户是体现重要性原则。（　）
12. 企业成本核算明细账户的设立与成本核算方法没有直接关系。（　）
13. 生产成本账户在实际运用时，可以下设“基本生产成本”和“制造费用”两个明细账户。（　）
14. 企业可以根据自身生产特点和管理要求选择一种或多种组合成本核算方法，但一经确定，不得随意更改。（　）
15. 在成本核算工作中，成本计算对象的确定与成本方法的选择有直接关系。（　）
16. 对“基本生产成本明细账”进行登记时，其填列方法与一般明细账登记方法不同的栏次是本期发生额的成本项目栏。（　）
17. 企业当期发生的生产费用，一般都是当期产品成本，应计入当期完工产品成本。（　）
18. 企业可以一种成本计算方法为主，结合其他成本计算方法加以综合应用。（　）
19. 无论采用何种成本计算方法，月末都需将本月归集的生产费用在完工产品与在产品之间进行分配。（　）
20. 品种法是不分批、不分步只分品种计算产品成本的方法。（　）
21. 品种法只适用于大量、大批生产的单步骤生产。（　）
22. 品种法是一种最基本的成本计算方法。（　）
23. 不论什么工业企业，不论什么类型的产品，也不管要求如何，最终都必须按照产品品种计算出产品成本。（　）
24. 由于每个工业企业最终都必须按照产品品种算出成本，因而品种法适用所有工业企

业，应用范围最广。 ( )

25. 品种法是以产品品种为计算对象计算产品成本的方法。 ( )

26. 品种法应按生产单位开设产品成本计算单。 ( )

27. 按照品种法，如果不计算在产品成本，则成本明细账中归集的生产费用就是完工产品成本。 ( )

28. 品种法的成本计算期与会计报告期一致，与生产周期不一致。 ( )

29. 企业的供水、供电等辅助生产单位，可以采用品种法计算成本。 ( )

30. 采用品种法，不存在在完工产品和期末在产品之间分配生产费用的问题。 ( )

31. 多步骤生产不能采用品种法。 ( )

32. 从成本计算对象和成本计算程序看，品种法是最基本的成本计算方法。 ( )

33. 分批法的成本核算对象是产品订单。 ( )

34. 分批法的成本计算期与产品生产周期是一致的。 ( )

35. 采用简化的分批法，完工产品不分配结转间接计入费用。 ( )

36. 分批法适用于大量大批单步骤生产和管理上不要求分步骤计算成本的多步骤生产。 ( )

37. 采用简化分批法计算产品成本，在各批产品完工以前，对发生的间接费用，可以不按月在各批产品之间进行分配。 ( )

38. 采用简化分批法计算产品成本，在各批产品完工以前，对发生的间接费用，只以总数的形式反映在生产成本二级账中。 ( )

39. 分批法应按产品批别（工作令号、生产通知单）设置生产成本明细账。 ( )

40. 某批次完工产品应负担的间接计入费用，是根据该批产品累计工时和全部产品累计间接计入费用分配率计算得到的。 ( )

41. 在单件和小批生产中，产品成本有可能在某批产品完工后计算，因而成本计算是不定期的，而与生产周期相一致。 ( )

42. 由于每一批产品的品种和批量往往是根据需用单位的定单来确定，所以产品批别与产品订单是一致的。 ( )

43. 在单件或小批生产的情况下，月末计算成本时，不存在完工产品和月末在产品之间分配费用的问题。 ( )

44. 采用分批法，如果批内产品跨月陆续完工情况不多，完工产品数量占全部批量比重较小，完工产品可按计划成本或定额成本计算。 ( )

45. 简化的分批法，由于只对完工产品分配间接计入费用，而不分批计算在产品成本，因而又称其为不分批计算在产品成本的分批法。 ( )

46. 采用简化分批法，各批产品之间分配间接计入费用的工作和完工产品与在产品之间分配间接计入费用的工作，都是利用累计间接计入费用分配率，到产品完工时合并一起进行的。 ( )

47. 采用简化的分批法，必须设立基本生产成本二级账。 ( )

48. 在小批、单件生产的企业或车间中，如果同一月份投产的产品批数很多，就可以采用简化的分批法计算产品成本。 ( )

49. 分批法一般是根据用户的定单组织生产的，在一份定单中即便存在多种产品也应合为一批组织生产。（ ）

50. 简化的分批法也叫累计间接费用分配法。（ ）

51. 重型机械、船舶、精密仪器及专用设备等的生产适用分批法。（ ）

52. 企业各月份的间接费用水平相差悬殊，若采用“简化分批法”会影响到各月成本计算的准确性。（ ）

53. 分步法主要适用于大量大批多步骤生产。（ ）

54. 在多步骤生产中，为了加强各生产步骤的成本管理，都应当按照生产步骤计算产品成本。（ ）

55. 根据成本管理的要求不同，分步法分为逐步结转分步法和平行结转分步法两种。（ ）

56. 平行结转分步法实际上就是品种法的多次连接应用。（ ）

57. 综合结转法可以直接、正确地提供原始成本项目反映的产品成本资料，便于从整个企业的角度分析和考核产品成本计划的执行情况，不需要进行成本还原。（ ）

58. 按照计划成本综合结转半成品成本便于进行成本的考核和分析。（ ）

59. 由于平行结转分步法不计算和登记半成品成本，因此各个生产步骤的产品成本明细账都没有“半成品”成本项目。（ ）

60. 分步法是按照产品的生产步骤归集生产费用，计算产品成本的一种方法。（ ）

61. 逐步结转分步法也称为不计算半成品成本的分步法。（ ）

62. 采用逐步结转分步法，半成品成本的结转与半成品实物的转移是一致的，因而有利于半成品的实物管理和在产品的资金管理。（ ）

63. 采用逐步结转分步法，按照结转的半成品在下一步骤产品成本明细账中的反映方法，分为综合结转和分项结转两种方法。（ ）

64. 成本还原的对象是产成品成本。（ ）

65. 成本还原的依据是本月所产该种半成品的成本构成。（ ）

66. 采用分项结转法结转半成品成本，在各步骤完工产品成本中看不出所耗上一步骤半成品的费用和本步骤加工费用的水平。（ ）

67. 不论是综合结转还是分项结转，半成品成本都是随着半成品实物的转移而结转。（ ）

68. 采用平行结转分步法，各生产步骤不计算半成品成本，只计算完工产品成本在各生产步骤的份额。（ ）

69. 在平行结转分步法下，各步完工产品与在产品之间的费用分配，都是指产成品与广义在产品之间的费用分配。（ ）

70. 采用平行结转分步法，各步骤可以同时计算产品成本，但各步骤间不结转半成品成本。（ ）

71. 采用逐步结转分步法不能提供各个生产步骤的半成品成本资料。（ ）

72. 采用平行结转分步法计算产品成本时，不需要进行成本还原。（ ）

73. 在实际工作中，分步法产品成本计算的分步与产品的生产步骤未必完全一致。（ ）

74. 企业采用平行结转分步法时，不论半成品是在各生产步骤之间转移还是通过半成品库收发，都应通过“自制半成品”账户进行总分类核算。（ ）

75. 逐步结转分步法和平行结转分步法在完工产品成本的计算程序上是一致的。（ ）

76. 分步法的显著特征是计算半成品成本。（ ）

77. 成本还原是按照反工艺顺序进行的。（ ）

78. 成本还原改变了产成品成本的构成，但不会改变产成品的成本总额。（ ）

四、实训题

实 训 一

【实训内容】产品成本计算的品种法。

【实训资料】华阳发电厂3月份的产量为1 500万度，当月生产费用合计3 925 800元。

【实训要求】计算当月产品生产总成本和单位成本。

实 训 二

【实训内容】品种法的应用。

【实训资料】玉溪嘴棒厂下设有一个基本生产车间和一个辅助生产车间。基本生产车间生产红梅滤嘴棒、红塔山滤嘴棒两种产品，采用品种法计算产品成本。基本生产成本明细账设置“直接材料”、“直接人工”和“制造费用”三个成本项目。辅助生产车间的制造费用不通过“制造费用”科目进行核算。（滤嘴棒是一种采用活性炭涂层成型纸和天然植物萃取添加技术制作，主要用于过滤烟气杂质）

1. 3月份生产车间发生的经济业务如下：

（1）基本生产车间领原材料50 000元，其中：直接用于红梅滤嘴棒的高透成型纸10 000元，直接用于红塔山滤嘴棒的普通成型纸15 000元，红梅滤嘴棒、红塔山滤嘴棒共同耗用的白乳胶20 000元（按红梅滤嘴棒、红塔山滤嘴棒的定额消耗量比例进行分配，红梅滤嘴棒的定额消耗量为4 000公斤，红塔山滤嘴棒的定额消耗量为1 000公斤），车间耗用的消耗性材料5 000元；辅助生产车间领料6 000元；共计56 000元。

（2）基本生产车间本月报废低值易耗品一批，实际成本为2 000元，残料入库，计价

100元，采用五五摊销法进行核算。

（3）基本生产车间的工人工资20 000元（按红梅滤嘴棒、红塔山滤嘴棒耗用生产工时比例进行分配，红梅滤嘴棒的生产工时为6 000小时，红塔山滤嘴棒的生产工时为2 000小时），管理人员工资4 000元；辅助生产车间的工人工资6 000元，管理人员工资1 500元；共计31 500元。

（4）按照工资费用的14%计提职工福利费。

（5）基本生产车间月初在用固定资产原值100 000元，月末在用固定资产原值120 000元；辅助生产车间月初、月末在用固定资产原值均为40 000元；按月折旧率1%计提折旧。

（6）基本生产车间发生其他支出4 540元；辅助生产车间发生其他支出3 050元；共计7 590元，均通过银行办理转账结算。

2. 辅助生产车间（机修车间）提供劳务9 000小时，其中：为基本生产车间提供8 000小时，为企业管理部门提供1 000小时，辅助生产费用按工时比例进行分配。

3. 基本生产车间的制造费用按生产工时比例在红梅滤嘴棒、红塔山滤嘴棒之间进行分配。

4. 红梅滤嘴棒原材料在生产开始时一次投入，直接材料费用按产成品和月末在产品数量的比例进行分配，直接人工费用和制造费用采用约当产量比例法进行分配。红塔山滤嘴棒本月完工产成品1 000件，月末在产品400件，完工率为40%。红塔山滤嘴棒各月在产品数量变化不大，生产费用在产品与在产品之间的分配，采用在产品按固定成本计价法。红梅滤嘴棒、红塔山滤嘴棒月初在产品成本资料见表4－1、4－2产品成本明细账。

【实训要求】根据上述资料，采用品种法进行账务处理，计算红梅滤嘴棒、红塔山滤嘴棒的产品成本。

【实训步骤】

1. 根据资料中的（1）～（6）笔经济业务进行账务处理。

（1）

（2）

(3)

(4)

(5)

(6)

2. 分配辅助生产费用并进行账务处理。

3. 分配制造费用并进行账务处理。

4. 计算、填列产品成本明细账（见表4－1、4－2）。

表4－1 产品成本明细账

完工产量： 件

产品名称：红梅滤嘴棒 2013年3月 在产品约当产量： 件

项目	直接材料	直接人工	制造费用	合计
月初在产品成本	16 000	11 900	16 600	44 500
本月生产费用				
生产费用合计				
分配率				
完工产成品成本				
月末在产品成本				

表4－2 产品成本明细账

产品名称：红塔山滤嘴棒 2013年3月 完工数量：560件

项目	直接材料	直接人工	制造费用	合计
月初在产品成本	9 500	3 500	5 000	18 000
本月生产费用				
生产费用合计				
完工产成品成本				
月末在产品成本				

5. 结转产成品成本。

实　训　三

【实训内容】 产品成本计算的分批法。

【实训资料】 昆明东大实业有限责任公司，第一生产车间生产 401 批次的小型挖土机、501 批次的小型压路机、402 批次的小型叉车三批产品。根据水电十四局建筑安装有限公司的订单，3 月份有关成本资料如下：

1. 月初在产品成本：401 批次的小型挖土机为 208 000 元，其中：直接材料 168 000 元，直接人工 24 000 元，制造费用 16 000 元；402 批次的小型叉车 248 000 元，其中：直接材料 240 000 元，直接人工 4 000 元，制造费用 4 000 元。

2. 本月生产情况：401 批次的小型挖土机为 2 月 2 日投产 40 台，3 月 26 日已全部完工验收入库，本月实际生产工时为 16 000 小时；501 批次的小型压路机为本月 3 日投产 120 台，本月已完工入库 6 台，本月实际生产工时为 8 800 小时；402 批次的小型叉车为 2 月 6 日投产 60 台，本月尚未完工，本月实际生产工时为 80 000 小时。

3. 本月发生生产费用：本月投入原材料 792 000 元，全部为 501 批产品耗用。本月产品生产工人工资为 98 400 元，提取应付福利费为 13 776 元，制造费用总额为 88 560 元。

4. 单位产品定额成本：501 批产品单位产品定额成本为 4 825 元，其中直接材料 3 300 元，直接人工 825 元，制造费用 700 元。

【实训要求】

1. 按产品批别开设产品成本计算单并登记月初在产品成本（见表 4－5、4－6、4－7）。

2. 编制 501 批次产品耗用原材料的会计分录并计入产品成本计算单。

3. 采用生产工时分配法在各批产品之间分配本月发生的直接人工费用，根据分配结果编制会计分录并计入有关产品成本计算单。

表 4－3 直接人工费用分配表

年 月

单位：元

产品	生产工时	分配工人工资		分配福利费		合 计
		分配率	分配金额	计提比例	分配金额	
401 批挖土机						
501 批压路机						
402 批叉车						
合计						

会计分录如下：

4. 采用生产工时分配法在各批产品之间分配本月发生的制造费用，根据分配结果编制会计分录，并计入有关产品成本计算单。

表 4－4 制造费用分配表

年 月

单位：元

产 品	生 产 工 时	分 配 率	分 配 金 额
401 批挖土机			
501 批压路机			
402 批叉车			
合计			

会计分录如下：

5. 计算本月完工产品和月末在产品成本，编制结转完工产品成本的会计分录。501 批次产品本月少量完工，其完工产品成本按定额成本结转。

表 4－5　　产品成本计算单

批　　号：401#（挖土机）　　批　　量：40 台

委托单位：水电十四局建筑安装有限公司

开工日期：2 月 26 日　　完工日期：3 月 26 日　　单位：元

摘要	直接材料	直接人工	制造费用	合计
月初在产品成本				
本月生产费用				
生产费用合计（完工产品总成本）				
完工产品数量				
完工产品单位成本				

表 4－6　　产品成本计算单

批　　号：502#（压路机）　　批　　量：120 台

委托单位：水电十四局建筑安装有限公司

开工日期：3 月 3 日　　完工日期：　月　日　　单位：元

摘要	直接材料	直接人工	制造费用	合计
本月生产费用				
完工产品数量				
完工产品单位定额成本				
完工产品定额总成本				
月末在产品成本				

表 4－7　　产品成本计算

批　　号：402#（叉车）　　批　　量：40 台

委托单位：水电十四局建筑安装有限公司

开工日期：2 月 26 日　　完工日期：3 月 26 日　　单位：元

摘要	直接材料	直接人工	制造费用	合计
月初在产品成本				
本月生产费用				
生产费用合计（月末在产品成本）				

会计分录如下：

实 训 四

【实训内容】练习简化的分批法。

【实训资料】明东实业有限责任公司，第二生产车间生产精密仪器，公司采用简化的分批法计算精密仪器各批产品成本。3 月份各批产品成本明细账中有关资料如下：

1023 批号：1 月份投产 22 件，本月全部完工，累计原材料费用 79 750 元，累计耗用工时 8 750 小时。

2011 批号：2 月份投产 30 件，本月完工 20 件，累计原材料费用 108 750 元，累计耗用工时 12 152 小时；原材料在生产开始时一次投入；月末在产品完工程度为 80%，采用约当产量比例法分配所耗工时。

3015 批号：本月投产 5 件，全部未完工，累计原材料费用 18 125 元，累计耗用工时 2 028 小时。

基本生产成本二级账归集的累计间接计入费用为：工资及福利费 36 688 元，制造费用 55 032 元。

【实训要求】

1. 计算累计间接计入费用分配率。

2. 计算各批完工产品成本。

表 4－8 精密仪器完工成本计算表

批别	原材料	工时（小时）	工资及福利费	制造费用	成本合计
1023					
2011					

实　训　五

【实训内容】 产品成本计算的分步法。

【实训资料】 永兴机械厂是一个生产微耕机的制造企业，主要产品是麦稻收割机。该厂设有铸造、机加工、装配三个基本生产车间，设有机修、供电两个辅助生产车间。三个基本生产车间按步骤顺序加工，上一车间生产的半成品直接交付下一车间继续生产。该企业采用综合逐步结转分步法计算产品成本，未设置自制半成品库。车间之间结转成本按实际成本计价核算，月末在产品按约当产量法计算，且月末在产品完工率均为50%。辅助生产车间的制造费用不设置“制造费用”账户核算，辅助生产费用采用直接分配法分配。

该厂3月初的在产品成本资料见表4－9；3月份的产量情况见表4－10；领用材料情况见表4－11，原材料在生产开始时一次性投入；本月发生人工费用见表4－12；计提固定资产折旧费用见表4－13。

表4－9　　月初在产品成本资料

产品名称：麦稻收割机　　××年3月　　单位：元

项目	铸造车间	机加工车间	装配车间
直接材料	78 240		
直接人工	43 000	139 000	32 200
制造费用	21 000	107 000	13 800
合计	142 240	246 000	46 000

表4－10　　产量记录

产品名称：麦稻收割机　　××年3月　　单位：台

项目	铸造车间	机加工车间	装配车间
月初在产品	10	5	6
本月投产	20	15	20
本月完工	25	10	20
月末在产品	5	10	6

【实训要求】 根据上述资料，登记生产成本明细账，采用逐步综合结转分步法计算产品成本。

〔实训步骤〕

1. 按产品生产步骤开设各产品的生产成本明细账（见表4－16、4－17、4－18）。

2. 归集和分配本月发生的各项要素费用。

（1）根据发料凭证汇总表（见表4－11）进行账务处理。

表 4－11 发料凭证汇总表

××年3月

单位：元

领用部门	用途	原料及主要材料	燃料	外购半成品	辅助材料	合计
铸造车间	生产收割机	97 860	22 000	87 480	6 790	214 130
供电车间	发电		9 160			9 160
机修车间	修理设备				2 200	2 200
合　计		97 860	31 160	87 480	8 990	225 490

（2）根据表 4－12 中的比例计提各项职工薪酬费用并进行账务处理。

表 4－12 职工薪酬费用分配表

××年3月

单位：元

人员部门		应付工资	职工福利费 4%	社会保险费 24%	住房公积金 10.5%	工会经费 2%	职工教育经费 2.5%	合计
铸造车间	产品生产工人	56 000						
	车间管理人员	15 000						
机加工车间	产品生产工人	44 000						
	车间管理人员	16 000						
装配车间	产品生产工人	51 000						
	车间管理人员	69 000						
供电车间		11 000						
机修车间		62 000						
厂部		26 000						
专设销售机构		37 000						
合计		387 000						

账务处理：

(3) 计算固定资产月折旧额并进行账务处理。

表4－13 **固定资产折旧计算表**

××年3月 单位：元

使用部门	固定资产类别	固定资产原值	月折旧率（%）	月折旧额
铸造车间	房屋	260 000	0.5	
	机器设备	210 000	0.6	
机加工车间	房屋	110 000	0.5	
	机器设备	510 000	0.6	
装配车间	房屋	130 000	0.5	
	机器设备	90 000	0.6	
供电车间	房屋	60 000	0.5	
	机器设备	310 000	0.6	
机修车间	房屋	40 000	0.5	
厂部	房屋	2 200 000	0.5	
	机器设备	460 000	0.6	
专设销售机构	房屋	120 000	0.5	
合计		4 490 000		

账务处理：

3. 归集和分配本月发生的辅助生产费用。

(1) 归集辅助生产费用。

供电车间费用＝

机修车间费用＝

(2) 根据辅助生产车间提供的产品及劳务情况（见表4－14），采用直接分配法分配辅助生产费用，填制辅助生产费用分配表（见表4－15）。

表 4－14　辅助生产车间产品及劳务供应汇总表

××年3月

受益单位	机修工时数（小时）	供电度数（度）
机修车间	—	2 000
供电车间	200	—
小计	200	2 000
铸造车间	900	14 000
机加工车间	1 200	7 000
装配车间	1 300	4 000
管理部门	300	8 000
销售部门	200	2 000
小计	3 900	35 000
劳务供应量合计	4 100	37 000

表 4－15　辅助生产费用分配表

（直接分配法）

年　月

数量单位：小时、度

单位：元

受益对象	机修车间		供电车间		合计
	修理工时	修理费用	供电度数	供电费用	
待分配辅助生产费用及劳务数量					
费用分配率（单位成本）					
铸造车间					
机加工车间					
装配车间					
管理部门					
销售部门					
合计					

根据辅助生产费用分配表进行账务处理：

4. 归集和分配本月发生的制造费用

（1）归集制造费用。

铸造车间制造费用＝

机加工车间制造费用＝

装配车间制造费用＝

（2）分配制造费用。

5. 月末计算结转完工产品成本。

（1）登记生产成本明细账（见表4－16、4－17、4－18）。

表4－16　　基本生产成本明细账

车间名称：铸造车间　　单位：元

时间	凭证字号	摘要	直接材料	直接人工	制造费用	合计
		月初余额				
	略	领用材料				
		结转工资及计提职工薪酬费用				
		结转制造费用				
		本月合计				
		生产费用合计				
		完工半成品成本				
		月末在产品成本				

表4－17　　基本生产成本明细账

车间名称：机加工车间　　单位：元

时间	凭证字号	摘要	自制半成品	直接人工	制造费用	合计
		月初余额				
	略	领用半成品成本				
		结转工资及计提职工薪酬费用				
		结转制造费用				
		本月合计				
		生产费用合计				
		完工半成品成本				
		月末在产品成本				

表 4－18　　基本生产成本明细账

车间名称：装配车间　　单位：元

时间	凭证字号	摘要	自制半成品	直接人工	制造费用	合计
		月初余额				
	略	领用半成品成本				
		结转工资及提职工薪酬费用				
		结转制造费用				
		本月合计				
		生产费用合计				
		完工产品成本				
		月末在产品成本				

（2）编制产品成本计算单，将生产费用在完工产品和在产品之间进行分配，并进行账务处理。

①计算结转铸造车间半成品成本。

表 4－19　　产品成本计算单

车间名称：铸造车间　　年　月　　单位：元

项目	直接材料	直接人工	制造费用	合计
①月初余额				
②本月生产费用				
③本月生产费用合计				
④本月完工产品数量（台）				
⑤月末在产品数量				
⑥月末在产品约当产量				
⑦约当产量合计（台）				
⑧费用分配率				
⑨完工半成品成本				
⑩月末在产品成本				

注：①＋②＝③；④＋⑥＝⑦；⑧＝③÷⑦；⑨＝④×⑧；⑩＝③－⑨。表 4－20、4－21 同理。

A. 根据铸造车间生产成本明细账记录（见表 4－16）和产量记录（见表 4－10），采用约当产量法分配生产费用，编制铸造车间产品成本计算单（见表 4－19）。

B. 根据产品成本计算单和机加工车间半成品领用单（略），进行账务处理。

C. 根据记账凭证登记基本生产成本明细账（见表4－16、4－17）。

②计算结转机加工车间半成品成本。

A. 根据机加工车间生产成本明细账记录（见表4－17）和产量记录（见表4－10），采用约当产量法分配生产费用，编制机加工车间产品成本计算单（见表4－20）。

表4－20　产品成本计算单

车间名称：机加工车间　　年　月　　单位：元

项目	自制半成品	直接人工	制造费用	合计
①月初余额				
②本月生产费用				
③本月生产费用合计				
④本月完工产品数量（台）				
⑤月末在产品数量				
⑥月末在产品约当产量				
⑦约当产量合计（台）				
⑧费用分配率				
⑨完工半成品成本				
⑩月末在产品成本				

B. 根据产品成本计算单，进行账务处理。

C. 根据记账凭证登记基本生产成本明细账（见表4－16、4－17）。

③计算结转装配车间产成品成本。

A. 根据装配车间生产成本明细账记录（见表4－18）和产量记录（见表4－10），采用约当产量法分配生产费用，编制装配车间产品成本计算单（见表4－21）。

表4－21 产品成本计算单

车间名称：装配车间　　年　月　　单位：元

项目	自制半成品	直接人工	制造费用	合计
①月初余额				
②本月生产费用				
③本月生产费用合计				
④本月完工产品数量（台）				
⑤月末在产品数量				
⑥月末在产品约当产量				
⑦约当产量合计（台）				
⑧费用分配率				
⑨完工产成品成本				
⑩月末在产品成本				

B. 根据产品成本计算单进行账务处理。

C. 根据记账凭证登记基本生产成本明细账（见表4－18）。

实 训 六

【实训内容】 综合结转法的成本还原。

【实训资料】 实训五中永兴机械厂的铸造车间、机加工车间、装配车间的基本生产成本明细账。

【实训要求】

1. 将装配车间产成品成本中的半成品费用，按本月机加工车间、铸造车间所产半成品成本的结构进行成本还原，计算按原始成本项目反映的产成品成本。

表 4－22 产品成本还原计算表

产量：20 台 ××年3月 单位：元

项目	还原分配率	自制半成品	直接材料	直接人工	制造费用	合计
①还原前产成品成本		352 760. 20		91 417. 40	127 917. 40	572 095
②第二步骤半成品成本		212 695. 80		134 613. 30	111 279. 20	458 588. 30
③第一次成本还原						
④第一步骤半成品成本			243 641. 75	111 891	69 858. 75	425 391. 50
⑤第二次成本还原						
⑥还原后产成品总成本						
⑦还原后产成品单位成本						

2. 结合题中资料和成本还原结果，简要说明成本还原的必要性。

实 训 七

【实训内容】 分项结转分步法。

【实训资料】 实训五中永兴机械厂的铸造车间、机加工车间、装配车间的基本生产成本明细账及其产品成本计算单、产量记录。

【实训要求】 根据上列资料采用分项结转分步法计算产品成本，登记产品成本明细账。

表 4－23　　基本生产成本明细账　　完工产量：25 台

车间名称：铸造车间　　金额单位：元

时间	凭证字号	摘要	直接材料	直接人工	制造费用	合计
	略	月初余额				
		本月发生费用				
		生产费用合计				
		在产品约当产量				
		单位成本（分配率）				
		转出半成品成本				
		月末在产品成本				

单位成本的计算：直接材料 =

直接人工 =

制造费用 =

表 4－24　　基本生产成本明细账　　完工产量：10 台

车间名称：机加工车间　　金额单位：元

时间	凭证字号	摘要	直接材料	直接人工	制造费用	合计
	略	月初余额				
		上步骤转入费用				
		本月发生费用				
		生产费用合计				
		在产品约当产量				
		单位成本（分配率）				
		转出半成品成本				
		月末在产品成本				

单位成本的计算：直接材料 =

直接人工 =

制造费用 =

表 4－25　　基本生产成本明细账　　完工产量：20 台

车间名称：装配车间　　金额单位：元

时间	凭证字号	摘要	直接材料	直接人工	制造费用	合计
	略	月初余额				
		上步骤转入费用				
		本月发生费用				
		生产费用合计				
		在产品约当产量				
		单位成本（分配率）				
		转出完工产品成本				
		月末在产品成本				

单位成本的计算：直接材料＝

直接人工＝

制造费用＝

实　训　八

【实训内容】平行结转分步法。

【实训资料】实训五中永兴机械厂的铸造车间、机加工车间、装配车间的基本生产成本明细账及其产品成本计算单、产量记录。

【实训要求】根据上列资料采用平行结转分步法计算产品成本，登记产品成本明细账。

（1）编制各生产步骤的约当产量计算表（见表 4－26）。

表 4－26　　各生产步骤约当产量计算表　　单位：台

摘要	直接材料	直接人工	制造费用
铸造车间的约当产量			
机加工车间的约当产量			
装配车间的约当产量			

（2）根据前列资料登记基本生产成本各步骤的明细账（见表 4－27、4－28、4－29）。

表 4－27 **基本生产成本明细账**

铸造车间：第一步骤 金额单位：元

时间	凭证字号	摘要	直接材料	直接人工	制造费用	合计
	略	①月初余额				
		②本月发生费用				
		③生产费用合计				
		④第一步骤约当产量				
		⑤单位成本（分配率）				
		⑥应计入产成品成本份额				
		⑦月末在产品成本				

表中各行数据的计算：①＋②＝③；③÷④＝⑤；⑤×20＝⑥；⑦＝③－⑥

表 4－28 **基本生产成本明细账**

机加工车间：第二步骤 金额单位：元

时间	凭证字号	摘要	直接材料	直接人工	制造费用	合计
	略	①月初余额				
		②本月发生费用				
		③生产费用合计				
		④第二步骤约当产量				
		⑤单位成本（分配率）				
		⑥应计入产成品成本份额				
		⑦月末在产品成本				

表中各行数据的计算：①＋②＝③；③÷④＝⑤；⑤×20＝⑥；⑦＝③－⑥

表 4－29 **基本生产成本明细账**

装配车间：第三步骤 金额单位：元

时间	凭证字号	摘要	直接材料	直接人工	制造费用	合计
	略	①月初余额				
		②本月发生费用				
		③生产费用合计				
		④第三步骤约当产量				
		⑤单位成本（分配率）				
		⑥应计入产成品成本份额				
		⑦月末在产品成本				

表中各行数据的计算：①＋②＝③；③÷④＝⑤；⑤×20＝⑥；⑦＝③－⑥

（3）根据各步骤基本生产成本明细账编制产品成本汇总计算表（见表4－30）。

表4－30　　　　　　　　　　产品成本汇总计算表

产品名称：麦稻收割机　　　　　　　　　　产量：20台　　　　　　　　　　单位：元

项目	直接材料	直接人工	制造费用	总成本	单位成本
铸造车间					
机加工车间					
装配车间					
合计					

（4）根据产品成本汇总表进行账务处理：

借：

　　贷：

五、案例分析题

1. 凯歌火力发电厂只生产电力一种产品，设有燃料、锅炉、汽机和电气生产四个基本生产车间，一个机修辅助车间为电力生产和企业管理部门提供修理服务。该发电厂按车间分别登记各个生产车间发生的生产费用，并按成本项目汇总登记基本生产成本明细账。该厂企业管理部门耗用机修车间的服务较少，不分配机修车间的生产费用。该发电厂所生产的电力除了对外销售以外，还有一部分供本企业使用。请根据上述案例，回答下列问题：

（1）企业应采用什么方法进行成本核算？

（2）为什么采用这种方法进行成本核算？

2. 白云印刷厂企业成本核算设置了"基本生产成本——103 批号产品"、"辅助生产成本——机修车间"、"制造费用——基本车间"等明细账，同时，在"基本生产成本——103 批号产品"明细账中设"直接材料、直接人工、制造费用"等成本项目。3 月份有关资料如下：(1) 外购材料 10 万元，其中 50% 被基本生产领用，10% 被辅助生产领用；(2) 贷款外购生产用设备 20 万元，分四年还款，贷款购买设备的月利息 1 200 元，已经安装投入使用；(3) 职工薪酬总额 15 万元，其中，基本生产工人薪酬总额 8 万元，生产车间主任和其他管理人员薪酬总额 1 万元；辅助生产工人薪酬总额 1.5 万元，辅助生产车间主任和其他管理人员薪酬总额 0.5 万元；厂部行政管理人员薪酬总额 3 万元；销售机构人员薪酬总额 1 万元；(4) 厂部办公楼月计提折旧额 1 万元，生产厂房、机器设备月计提折旧额 2 万元；(5) 支付合同违约罚款 0.2 万元。

请根据案例资料回答下列问题：

(1)"基本生产成本——103 批号"明细账中直接材料费用是(　　)万元。

A. 5　　B. 6

C. 10　　D. 9

(2)"基本生产成本——103 批号"明细账中直接人工费用是(　　)万元。

A. 9　　B. 8

C. 9.5　　D. 10

(3)"辅助生产成本——机修车间"明细账中费用总额是(　　)万元。

A. 1.5　　B. 3.5

C. 2　　D. 3

(4)"制造费用——基本车间"明细账中费用总额（不包括辅助生产成本转入费用）是(　　)万元。

A. 1　　B. 11

C. 3　　D. 23

(5) 本月财务费用是(　　)万元。

A. 0.12　　B. 20.12

C. 5.12　　D. 5

(6) 本月管理费用是(　　)万元。

A. 3　　B. 4

C. 3.2　　D. 4.2

(7) 本月成本费用总额是(　　)万元。

A. 48.12　　B. 48.32

C. 28　　D. 28.12

(8) 白云印刷厂企业成本核算采用的方法是(　　)。

A. 品种法　　B. 分步法

C. 分类法　　D. 分批法

单元五
产品成本计算的辅助方法

一、单项选择题

1. 必须采用分类法计算成本的是(　　)。
   A. 主产品　　B. 联产品
   C. 副产品　　D. 等级产品
2. 下列各项中，属于分类法优点的是(　　)。
   A. 能加强成本控制　　B. 能简化产品成本的计算
   C. 能提高成本计算的正确性　　D. 能分品种掌握产品成本水平
3. 华丰厂将甲、乙两种产品作为一类，采用分类法计算产品成本。甲、乙两种产品共同耗用A种材料，消耗定额分别为16千克和20千克，每千克A种材料的单位成本为5元。该企业将甲产品作为标准产品，则乙产品的原材料费用系数为(　　)。
   A. 125　　B. 08
   C. 625　　D. 4
4. 分类法是按照(　　)归集费用、计算成本的。
   A. 批别　　B. 品种
   C. 步骤　　D. 类别
5. 联产品是指(　　)。
   A. 一种原材料加工出来的不同质量产品
   B. 一种原材料加工出来的几种主要产品
   C. 一种原材料加工出来的主要产品和副产品
   D. 不同原材料加工出来的不同产品
6. 由于(　　)原因产生的等级产品不能采用分类法计算成本。
   A. 所耗原材料的质量不同　　B. 工人操作不当
   C. 工艺技术上的要求不同　　D. 内部结构不同
7. 产品成本计算的分类法适用于(　　)。
   A. 大量大批多步骤生产　　B. 大量大批单步骤生产
   C. 各种类型的生产　　D. 单件小批单步骤生产
8. 采用分类法计算产品成本，目的在于(　　)。
   A. 简化各类产品成本的计算工作　　B. 分品种计算产品成本
   C. 简化各种产品成本的计算工作　　D. 分类计算产品成本
9. 对于副产品的计价，一般可以从总成本的(　　)项目中扣除。

A. 直接工资
B. 制造费用
C. 废品损失
D. 直接材料

10. 在副产品加工处理所需时间不长、费用不大的情况下，副产品也可以(　　)。
A. 按固定成本计价
B. 按计划成本计价
C. 不计价
D. 以售价扣除税金和销售费用后的余额计价

11. 适合采用分类法计算产品成本的下列企业是(　　)。
A. 机械制造厂
B. 发电厂
C. 造纸厂
D. 衬衫厂

12. 企业在生产主要产品的过程中附带生产出的一些可以销售的不合格产品，称(　　)。
A. 联产品
B. 副产品
C. 废品
D. 次品

13. 采用分类法按系数分配计算类内各种产品成本时，对于系数的确定方法是(　　)。
A. 选择产量大的产品作为标准产品，将其分配标准数确定为1
B. 选择产量大、生产稳定的产品作为标准产品，将其分配标准数确定为1
C. 选择产量大、生产稳定或规格适中的产品作为标准产品，将其分配标准数定为1
D. 自行选择一种产品作为标准产品，将其分配标准数定为1

14. 副产品成本从联合成本中扣除的方法可以是(　　)。
A. 从“直接材料”成本项目中扣除
B. 从“直接人工”成本项目中扣除
C. 从“制造费用”成本项目中扣除
D. 由企业自行决定

15. 联产品分离前的联合成本的计算，可采用分类法的原理进行。联合成本在各种联产品之间分配的常用方法是(　　)。
A. 实际产量分配法
B. 约当产量分配法
C. 标准产量分配法
D. 计划产量分配法

16. 以下各项中，(　　)不是揭示材料脱离定额差异的方法。
A. 类推法
B. 盘存法
C. 切割法
D. 差异凭证法

17. 定额法下，材料脱离定额的差异是指(　　)。
A. 因材料的新定额成本与老定额成本的不同而产生的差异
B. 因材料的实际成本与定额成本的不同而产生的差异
C. 因材料的实际价格与计划价格的不同而产生的差异
D. 因材料的实际耗用量与定额耗用量的不同而产生的差异

18. 甲、乙两种产品共同耗用的燃料费用为6 000元，按燃料定额消耗量比例分配。甲、乙产品的定额消耗量分别为200千克和300千克。据此计算的燃料费用分配率为(　　)。
A. 12元
B. 20元
C. 30元
D. 60元

19. 在产品按定额法，每月生产费用脱离定额的节约差异或超支差异(　　)。

A. 全部计入当月完工产品成本

B. 全部计入月末在产品成本

C. 当月在完工产品和月末在产品之间分配

D. 全部计入管理费用

20. 在定额法下，(　　)不影响产品的实际成本。

A. 月初定额成本　　B. 脱离定额的差异

C. 定额变动　　D. 月末定额成本

21. 定额成本是(　　)的一种。

A. 目标成本　　B. 现行成本

C. 重置成本　　D. 机会成本

22. 以下有关限额法的表述中，错误的是(　　)。

A. 限额法是控制领料，促进用料节约的重要手段

B. 限额法又称为差异凭证法

C. 限额法能完全控制用料

D. 限额法下，差异凭证中的差异仅仅是领料差异，而不一定是用料差异

23. 原材料的定额费用和脱离定额的差异是按照(　　)计算的。

A. 实际成本　　B. 计划成本

C. 加权平均成本　　D. 可变现净值

24. 定额法适用于(　　)。

A. 小批单件单步骤生产的企业

B. 大量大批多步骤生产的企业

C. 可以按一定标准将所产产品进行分类的企业

D. 定额管理基础较好，各项消耗定额较准确且稳定的企业

25. 计算月初在产品的定额变动差异，其目的是(　　)。

A. 正确计算本月产成品的定额成本　　B. 正确计算本月半成品的实际成本

C. 调整本月发生的定额成本　　D. 调整月初在产品的定额成本

26. 在完工产品成本中，如果月初在产品定额变动差异是正数则说明(　　)。

A. 定额提高了　　B. 定额降低了

C. 本月定额管理和成本管理不顺利　　D. 本月定额管理和成本管理取得了成绩

二、多项选择题

1. 下列产品中，可以采用分类法计算成本的有(　　)。

A. 等级产品　　B. 副产品

C. 联产品　　D. 不同规格的针织品

E. 各种糖果产品

2. 采用分类法，某类产品中各种产品之间分配费用的标准可以选用(　　)。

A. 定额消耗量　　B. 计划成本

C. 定额成本
D. 产品售价
E. 相对固定的系数

3. 副产品成本可以(   )。
A. 按计划成本确定
B. 按固定成本确定
C. 不计价
D. 按售价扣除税金和销售费用后的余额确定
E. 副产品的计划单位成本制定得比较准确

4. 联产品的生产特点是(   )。
A. 经过同一个生产过程进行生产
B. 生产成本相同
C. 使用同一种原材料加工
D. 都是企业的主要产品
E. 有的是主要产品，有的是非主要产品

5. 可按分类法的成本计算原理计算产品成本的等级品是(   )。
A. 由于工艺技术条件不成熟造成的等级品
B. 由于违规操作造成的等级品
C. 由于生产管理不当造成的等级品
D. 由于原材料质量造成的等级品
E. 由于自然原因造成的等级品

6. 分类法主要适用于产品品种较多的企业或车间，可以采用分类法计算产品成本的下列企业是(   )。
A. 电子元件厂
B. 针织厂
C. 造船厂
D. 机床厂
E. 砖瓦厂

7. 联产品分离前的联合成本，在各种联产品之间进行分配的方法包括(   )。
A. 系数分配法
B. 约当产量分配法
C. 实物量分配法
D. 相对售价比例分配法
E. 可实现净值分配法

8. 分类法的成本计算过程是(   )。
A. 在同类产品中选择一种产量大、生产稳定或规格折中的产品作为标准产品
B. 把标准产品的分配标准系数确定为 1
C. 以其他产品的单位分配标准数据与标准产品相比，求出其他产品的系数
D. 用各种产品的实际产量乘上系数，计算出总系数
E. 再按各种产品总系数比例分配计算类内各种产品成本

9. 以下有关定额成本制度的表述，正确的是(   )。
A. 定额成本制度纯粹是一种成本核算方法
B. 定额成本制度是一种成本计算的基本方法
C. 定额成本制度是一种成本计算的辅助方法
D. 定额成本制度是一种对产品成本进行控制和管理的方法

E. 定额成本制度必须与成本计算基本方法结合使用

10. 定额成本制度通常可以与以下成本计算方法结合使用（ ）。

A. 品种法　B. 分批法

C. 分步法　D. 分类法

E. 标准成本制度

11. 采用定额成本法计算在产品成本时，应具备下列条件（ ）。

A. 定额管理制度比较健全　B. 定额管理基础工作比较好

C. 产品生产已经定型　D. 各项消耗定额比较准确、稳定

E. 期末在产品数量稳定

12. 将分类法和定额法归为产品成本计算的辅助方法，是因为这两种方法（ ）。

A. 与生产特点没有直接的联系　B. 不受成本计算对象所制约

C. 对于成本管理并不重要　D. 不是计算产品成本必不可少的方法

E. 必须与成本计算的基本方法结合使用

13. 在计时工资形式下，影响生产工人工资脱离定额差异的因素有（ ）。

A. 生产工时　B. 废品数量

C. 小时工资率　D. 使用临时工的人数

E. 工人的熟练程度

14. 关于成本控制的下列表述中，正确的有（ ）。

A. 成本控制制度会受到大多数员工的欢迎

B. 对数额很小的费用项目，控制可以从略

C. 不存在适用于所有企业的成本控制模式

D. 成本控制的根本目的是确定成本超支的责任人

E. 成本控制和成本降低是一回事

15. 采用定额法计算产品成本，产品实际成本的组成项目有（ ）。

A. 定额成本　B. 脱离定额差异

C. 材料成本差异　D. 定额变动差异

E. 人工成本差异

16. 原材料脱离定额差异的计算方法有（ ）。

A. 限额法　B. 定期盘存法

C. 切割核算法　D. 定额费用法

E. 先进先出法

三、判断题

1. 分类法不需要分产品品种计算成本，因而产品成本计算单可按类别设置。（ ）
2. 分类法与生产类型没有直接的关系，可以应用在各种类型的生产中。（ ）
3. 分类法是一种独立的成本计算方法，无须与成本计算的基本方法结合起来应用。（ ）
4. 等级产品均可采用分类法计算成本。（ ）

5. 用分类法计算出来的类内各种产品的成本具有一定的假定性。（　）
6. 联产品采用分类法计算成本。（　）
7. 采用分类法计算产品成本，每类产品内各种产品的生产费用，不论是间接费用还是直接费用，都采用分配方法分配计算。（　）
8. 等级产品是非合格品。（　）
9. 分类法是成本计算的基本方法，与企业生产类型没有直接关系。（　）
10. 企业联产品的成本应该包括其所应负担的联合成本和分离后的继续加工成本。（　）
11. 织袜厂生产出的等级品可与联产品和副产品一样采用分类法计算产品成本。（　）
12. 定额成本制度不仅是一种基本的成本核算方法，而且还是一种对产品成本进行控制和管理的方法。（　）
13. 限额法是控制领料、促进用料节约的重要手段，但它不能完全控制用料。（　）
14. 差异凭证中的差异是用料差异。（　）
15. 材料脱离定额差异的有利或不利差异应归功或归因于生产单位，而材料成本差异的超支或节约应归因或归功于材料采购单位。（　）
16. 定额成本中包括废品损失和停工损失两个成本项目。（　）
17. 原材料脱离定额差异是指材料的实际耗用水平与定额耗用水平之间的差异，即材料的量差，不包括原材料的价格差异。（　）
18. 定额法是为了加强成本管理、进行成本控制而采用的一种成本计算与成本管理相结合的方法。（　）
19. 定额法能够单独应用，不必与产品成本计算的基本方法结合起来应用。（　）
20. 定额法的适用范围与企业生产类型没有直接关系。（　）
21. 在定额法下，退料单应视为差异凭证。（　）

四、实训题

实　训　一

【实训内容】产品成本计算的分类法——系数法

【实训资料】中天毛巾厂生产小号、中号、大号丝光毛巾。三种产品所用原材料和生产工艺过程基本相同，以中号丝光毛巾为标准产品。本月有关成本、产量的资料如下：

1. 月初在产品成本和本月发生的生产费用见表5-1。

表5-1　　金额单位：元

	直接材料（实际成本）	直接人工	制造费用
月初在产品成本	11 280	5 400	4 084
本月发生费用	30 000	10 800	8 300

2. 产量和系数见表5-2。

表 5－2

产品名称	折合标准产量系数	完工产量	在产品	
			数量	完工程度
小号丝光毛巾	0.8	2 000	2 500	60%
中号丝光毛巾	1	2 400	3 500	40%
大号丝光毛巾	1.2	1 500	2 000	80%

【实训要求】

（1）计算各产品的标准产量。

（2）计算月末在产品成本、本月完工产品的总成本和单位成本。

实　训　二

【实训内容】 联产品的成本计算方法。

【实训资料】 青城工厂用甘蔗同时生产出红糖、白糖两种联产品，本月生产红糖 4 万千克、白糖 2 万千克，无期初、期末在产品。该月生产这些联产品的联合成本为直接材料 60 万元，直接人工 21.6 万元，制造费用 24 万元。红糖每千克销售价格为 25 元，白糖每千克销售价格为 30 元，产品已全部售出。

【实训要求】

根据上例资料，分别按下列方法计算红糖、白糖的成本。

（1）按实物量分配法计算。

（2）按系数法分配计算（红糖为标准产品，其系数为1，B产品系数为1.125）。

（3）按销售价值分配法计算。

（4）若联产品分离后，红糖、白糖两种产品还需继续加工，其继续加工的成本分别为20万元和12万元，按可实现净值分配法计算两种产品的成本。

实　训　三

【实训内容】定额成本制度的运用。

【实训资料】恒达厂以定额成本法计算A产品的成本，A产品的原材料定额成本2月1日为每件产品94元，3月1日修订为120元，3月20日又修订为110元。3月初在产品投料50件，定额差异超支190元。3月5日投料300件，材料计划成本为37 200元；3月22日又投料200件，材料计划成本为22 590元；本月完工400件，月末在产品150件。材料成本差异为节约1%，定额差异和定额变动由产成品和月末在产品共同负担，材料成本差异全部由产成品负担。

【实训要求】填列表5－3，计算直接材料成本项目的完工产品成本和月末在产品成本。

表5－3

摘要	直接材料成本项目				
	定额成本	定额差异	定额变动	材料成本差异	合计
月初在产品成本					
月初在产品定额变动调整					
调整后月初在产品成本					
10月5日投料					
10月22日投料					
生产费用合计					
分配率					
月末在产品成本					
本月完工产品成本					
完工产品单位成本					

实 训 四

【实训内容】直接材料定额成本法的应用。

【实训资料】祥瑞公司采用定额法计算甲产品成本，有关甲产品材料成本如下：

2 月 1 日材料定额成本 20 元；

3 月 1 日材料定额成本 18 元；

2 月末在产品结存 3 500 件，材料定额成本为 70 000 元，无定额差异和定额变动；

3 月份投产 16 500 件，实际材料费用 300 000 元；

3 月份完工甲产品 20 000 件，月末无在产品。

【实训要求】

（1）计算月初在产品定额变动差异。

（2）计算 3 月份脱离定额差异（材料成本差异并入脱离定额差异计算）。

（3）计算 3 月份完工 20 000 件甲产品的实际材料成本。

实　训　五

【实训内容】定额成本法的计算程序。

【实训资料】

万通玩具厂生产的积木玩具由木块、螺丝钉两种零件组成。原材料在零件投产时一次投入，木块、螺丝钉两种零件所耗原材料定额分别为10元和12元。该产品各工序工时定额和2013年3月在产品数量如表5－4所示。

表5－4

零件名称	所在工序号	本工序工时定额	在产品数量
木块	1	6	200
	2	4	160
	小计	10	360
螺丝钉	1	12	400
	2	8	200
	小计	20	600

每道工序在产品累计工时定额按上道工序累计工时定额加上本工序工时定额的50%计算。每小时费用定额为燃料与动力1元，直接人工费用1.2元，制造费用1.6元。

【实训要求】

1. 填列月末在产品定额成本计算表（见表5－5）。

表5－5　　月末在产品定额成本计算表　　单位：元

零件	所在工序	在产品数量（件）	原材料费用		工时		燃料与动力	直接人工	制造费用	合计
			单件定额	定额费用	单件累计定额	定额工时				
木块	1	200								
	2	160								
螺丝钉	1	400								
	2	200								
	合计									

2. 计算完工产品成本，并登记产品成本明细账（见表5－6）。

表5－6　　产品成本明细账　　单位：元

摘要	直接材料	燃料与动力	直接人工	制造费用	合计
月初在产品成本	9 000	3 260	3 456	4 800	20 516
本月生产费用	79 000	27 420	51 120	78 976	236 516
合计					
完工产品成本					
月末在产品成本					

五、案例分析题

光明木材加工厂采用定额成本法计算办公椅的成本，办公椅的原材料定额成本 2 月 1 日为每件产品 94 元，3 月 1 日修订为 120 元，3 月 20 日又修订为 110 元。3 月初在产品投料 50 件，定额差异超支 190 元。3 月 5 日投料 300 件，材料计划成本为 37 200 元，3 月 22 日又投料 200 件，材料计划成本为 22 590 元，本月完工 400 件，月末在产品 150 件。材料成本差异为节约 1%，定额差异和定额变动由产成品和月末在产品共同负担，材料成本差异全部由产成品负担。

要求：计算直接材料成本项目的完工产品成本和月末在产品成本，并填制材料脱离定额差异计算表（见表 5－7）。

表 5－7　　材料脱离定额差异计算表　　金额单位：元

摘要	直接材料成本项目				
	定额成本	定额差异	定额变动	材料成本差异	合计
月初在产品成本	①	190			4 890
月初在产品定额变动调整	②		－1 300		0
调整后月初在产品成本	③	190	－1 300	0	4 890
3 月 5 日投料	④	1 200		－372	36 828
3 月 22 日投料	⑤	590	－2 000	－225. 90	22 364. 10
生产费用合计	66 000	1 980	－3 300	－597. 90	64 082. 10
分配率		0. 03	0. 05		
月末在产品成本	18 000	540	－900		17 640
本月完工产品成本	48 000	1 440	－2 400	－597. 90	⑥
完工产品单位成本					116. 11

请根据案例资料进行相关计算：

（1）表中①应为(　　)。

A. 4 700　　B. 5 000

C. 5 500　　D. 4 890

（2）表中②应为(　　)。

A. 800　　B. 1 300

C. 900　　D. 100

（3）表中③应为(　　)。

A. 6 000　　B. 6 500

C. 5 600　　D. 5 600

（4）表中④应为(　　)。

A. 36 000　　B. 27 200

C. 23 000　　D. 36 200

（5）表中⑤应为(　　)。

A. 21 000　　B. 18 600

C. 24 000　　D. 20 100

（6）表中⑥应为(　　)。

A. 46 442.10　　B. 4 806

C. 4 848　　D. 484 422.10

单元六
成本报表的编制与分析

一、单项选择题

1. 成本报表是向企业经营管理者提供成本信息，以进行成本分析和成本决策的(　　)会计报表。

A. 内部管理　　B. 外部管理
C. 年度　　D. 静态

2. 成本报表属于(　　)。

A. 对外报表　　B. 对内报表
C. 既是对内报表，又是对外报表　　D. 对内还是对外由企业决定

3. 下列不属于成本分析的基本方法是(　　)。

A. 对比分析法　　B. 产量分析法
C. 因素分析法　　D. 比率分析法

4. 根据实际指标与不同时期的指标对比来揭示差异，分析差异产生原因的分析方法称为(　　)。

A. 因素分析法　　B. 差量分析法
C. 对比分析法　　D. 相关分析法

5. 在进行全部商品产品成本分析时，计算成本降低率时，是用成本降低额除以(　　)。

A. 按计划产量计算的计划总成本　　B. 按计划产量计算的实际总成本
C. 按实际产量计算的计划总成本　　D. 按实际产量计算的实际总成本

6. 对可比产品成本降低率不产生影响的因素是(　　)。

A. 产品品种结构　　B. 产品产量
C. 产品单位成本　　D. 产品总成本

7. 一定时期销售一定数量产品的产品销售成本与产品销售收入的比率是(　　)。

A. 成本费用利润率　　B. 销售利润率
C. 销售成本率　　D. 产值成本率

8. 采用连环替代法，可以揭示(　　)。

A. 产生差异的因素和各因素的影响程度　　B. 产生差异的因素
C. 产生差异的因素和各因素的变动原因　　D. 实际数与计划数之间的差异

9. 商品产品成本报表可以考核(　　)。

A. 全部商品成本和各种主要商品产品成本计划的执行结果
B. 制造费用、企业管理费用计划的执行结果

C. 可以按照成本项目分析、考核主要产品单位成本计划的执行结果

D. 主要产品技术经济指标执行情况

10. 下列报表中，不包括在成本报表中的有(　　)。

A. 商品产品成本表　　B. 制造费用明细表

C. 期间费用明细表　　D. 资产负债表

11. 本年实际产量按上年实际平均单位成本计算的生产总成本，减去本年累计实际总成本，等于(　　)。

A. 计划成本降低额　　B. 实际成本降低额

C. 实际成本降低率　　D. 没有经济意义

12. 比较分析法只适用于(　　)。

A. 同质指标的质量对比　　B. 不同质指标的质量对比

C. 同质指标的数量对比　　D. 不同质指标的数量对比

13. 因素分析法各因素的排列顺序一般是(　　)。

A. 数量指标在前，质量指标在后的原则　　B. 质量指标在前，数量指标在后的原则

C. 数量指标在前，也可以在后　　D. 质量指标在前，也可以在后

14. 昌盛厂的可比产品 A 产品，上年实际总成本为 100 000 元，实际总产量 500 件，本年实际总产量为 600 件，实际总成本为 118 000 元。本年可比产品成本降低额为(　　)元。

A. －2 000　　B. 2 000

C. －18 000　　D. 18 000

15. 可比产品成本本年与上年相比，如果不是降低而是超支，其超支额和超支率应用(　　)填列。

A. 负数　　B. 正数

C. 红字　　D. 蓝字

16. 材料费用总额的三个因素可以归纳为：产品产量、单位产品材料消耗量和材料单价。按照连环替代法分析，三个因素的先后顺序是(　　)。

A. 单价、单位产品材料消耗量、产量　　B. 单位产品材料消耗量、产量、单价

C. 单价、产量、单位产品材料消耗量　　D. 产量、单位产品材料消耗量、单价

17. 以下指标中，属于构成比率指标的是(　　)。

A. 销售收入成本率　　B. 成本利润率

C. 直接人工成本率　　D. 单位成本降低率

18. 华飞厂生产的乙产品，计划产量 100 件，计划单位产品材料消耗量 8 千克，材料单价计划 5 元，实际产量 110 件，实际单位产品材料消耗量 7 千克，实际材料单价 6 元。材料费用超支(　　)元。

A. 400　　B. 620

C. －550　　D. 770

二、多项选择题

1. 商品产品成本表可以反映可比产品与不可比产品的(　　)。

A. 实际产量　　B. 单位成本
C. 本月总成本　　D. 本年累计总成本

2. 工业企业编制的成本报表有(　　)。
A. 商品产品成本表　　B. 主要产品单位成本表
C. 制造费用明细表　　D. 成本计算单

3. 工业企业编报的成本报表必须做到(　　)。
A. 数字准确　　B. 内容完整
C. 字迹清楚　　D. 编报及时

4. 主要产品成本表反映的指标有(　　)。
A. 历史先进水平　　B. 上年实际平均
C. 本年计划　　D. 本月实际
E. 本年累计实际

5. 下列指标中属于相关比率的有(　　)。
A. 产值成本率　　B. 成本降低率
C. 成本利润率　　D. 销售收入成本率

6. 生产多种产品的情况下，影响可比产品成本降低额的因素有(　　)。
A. 产品产量　　B. 产品单位成本
C. 产品价格　　D. 产品品种结构

7. 影响可比产品成本降低率变动的因素有(　　)。
A. 产品产量
B. 可比产品成本降低额
C. 产品价格
D. 按上年实际平均单位成本计算的可比产品成本

8. 成本报表分析常用的方法有(　　)。
A. 比较分析法　　B. 比例分析法
C. 因素分析法　　D. 比率分析法

9. 采用因素分析法进行成本分析时，确定各因素替代顺序时，下列说法正确的是（　　）。
A. 先替代数量指标，后替代质量指标
B. 先替代质量指标，后替代数量指标
C. 先替代实物量指标，后替代价值量指标
D. 先替代主要指标，后替代次要指标

10. 计算可比产品成本计划降低额时，需要计算的指标有(　　)。
A. 实际产量按上年实际单位成本计算的总成本
B. 实际产量按本年实际单位成本计算的总成本
C. 计划产量按上年实际单位成本计算的总成本
D. 计划产量按本年计划单位成本计算的总成本

11. 期间费用明细表包括(　　)。
A. 营业费用明细表　　B. 管理费用明细表

C. 财务费用明细表
D. 销售费用明细表
E. 采购费用明细表

12. 下列报表中，不属于成本报表的有(　　)。
A. 商品产品成本表
B. 主要产品单位成本表
C. 现金流量表
D. 损益表
E. 资产负债表

13. 编制和报送成本报表的要求有(　　)。
A. 数字真实
B. 计算准确
C. 内容完整
D. 报送及时
E. 结构符合统一会计制度

14. 下列报表中属于成本报表的有(　　)。
A. 商品产品成本表
B. 主要产品单位成本表
C. 制造费用明细表
D. 期间费用明细表
E. 利润表

15. 成本报表整体分析的方法有(　　)。
A. 水平分析法
B. 垂直分析法
C. 趋势分析法
D. 指标分析法
E. 连环替代法

16. 企业制造费用明细表应设有(　　)等多个栏目。
A. 本年计划
B. 本年实际
C. 上年实际
D. 本月实际
E. 本年实际

17. 商品产品成本表可以反映可比产品与不可比产品的(　　)。
A. 实际产量
B. 单位成本
C. 本月总成本
D. 本年累计总成本
E. 产品价格

18. 连环替代法在实际运用过程中，要体现(　　)特点。
A. 计算方法的简化性
B. 计算程序的连环性
C. 计算结果的假设性
D. 因素替换的顺序性
E. 计算程序的复杂性

三、判断题

1. 商品产品成本表是反映企业在报告期内生产的全部商品产品的总成本的报表。(　　)

2. 企业编制的成本报表一般不对外公布，所以，成本报表的种类、项目和编制方法可由企业自行确定。(　　)

3. 企业编制的所有成本报表中，“商品产品成本表”是最主要的报表。(　　)

4. 在分析某个指标时，将与该指标相关但又不同的指标加以对比，分析其相互关系的方法称为“对比分析法”。(　　)

5. 采用因素分析法进行成本分析时，各因素变动对经济指标影响程度的数额相加，应与该项经济指标实际数与基数的差额相等。 ( )

6. 在进行全部商品产品成本分析时，需要计算成本降低率，该项指标是用成本降低额除以实际产量的实际总成本计算的。 ( )

7. 在进行可比产品成本降低任务完成情况的分析时，由于产品产量因素的变动，只影响成本降低额，不影响成本降低率。 ( )

8. 可比产品成本实际降低额是用实际产量的按上年实际单位成本计算的总成本与实际产量按本年实际单位成本计算的总成本计算的。 ( )

9. 不可比产品是指上年没有正式生产过，没有上年成本资料的产品。 ( )

10. 本年累计实际产量与本年计划单位成本之积，称为“按本年实际产量计算的本年累计总成本”。 ( )

11. 比率分析法主要有对比分析和相关指标比率分析法两种。 ( )

12. 成本报表是企业进行成本、利润的预测、决策，编制产品成本和各项费用计划，制定产品价格的重要依据。 ( )

13. 不同企业的成本报表不可以存在差异。 ( )

14. 在分析各项费用计划执行情况时，应当根据费用超支或节约做出评价。 ( )

15. 应用连环替代法进行分析，其顺序的确定：先数量因素，后质量因素；先实物因素，后价值量因素。 ( )

16. 主要产品单位成本表的“历史先进水平”栏目，反映单位成本和单位消耗的历史先进水平，根据企业成本最低年度相关资料填列。 ( )

17. 采用连环替代法，在测定某一因素变动影响时，是以假定其他因素不变为条件的，即是在其他因素不变的条件下，确定这一因素变动的影响程度。 ( )

四、实训题

实 训 一

【实训内容】成本报表的编制。

【实训资料】

金星金属制品有限责任公司采用分批法计算产品成本，按照宣威化工厂订单，组织生产的产品发生的成本资料如表 6 – 1 所示。

表 6 – 1 **产量及成本资料** 单位：元

产品名称		实际产量		单位成本		总成本	
		本月	本年累计	上年实际平均数	本年计划	本月实际	本年累计数
可比产品	147L 镀锌桶	100	900	800	780	75 000	684 000
	106L 镀锌桶	30	500	500	480	13 500	235 000
	136L 镀锌桶	80	1 100	700	710	55 200	748 000
不可比产品	176L 镀锌桶	300	3 200		1 150	375 000	3 520 000
	196L 镀锌桶	600	7 800		1 480	894 000	11 076 000

【实训要求】

1. 根据上述资料，编制产品生产成本表（见表6－2）。

表6－2　产品生产成本表

编制单位：金星金属制品有限责任公司　××年3月　单位：元

产品名称	计量单位	实际产量		单位成本				本月总成本			本年累计总成本		
		本月	本年累计	上年实际平均	本年计划	本月实际	本年累计实际平均	按上年实际平均单位成本计算	按本年计划单位成本计算	本期实际	按上年实际平均单位成本计算	按本年计划单位成本计算	本年实际
可比产品合计													
147L镀锌桶	件												
106L镀锌桶	件												
136L镀锌桶	件												
不可比产品合计													
176L镀锌桶	件												
196L镀锌桶	件												
全部产品													

2. 根据产品生产成本表计算下列指标：

（1）可比产品成本降低额：

（2）可比产品成本降低率：

实　训　二

【实训内容】 成本报表的分析。

【实训资料】

金星金属制品有限责任公司3月份各种产品计划成本和实际成本资料如表6-3所示。

表6-3　　成本对比分析表

××年3月　　金额单位：元

项目	本年计划成本	本年实际成本	成本差异额	成本差异率
147L镀锌桶	1 000 000	980 000		
106L镀锌桶	2 500 000	2 600 000		
136L镀锌桶	3 800 000	4 000 000		
合　计				

【实训要求】 根据上述资料，采用对比分析法，分析各种产品的成本差额和成本差异率，并将计算结果填入表6-3中。

实　训　三

【实训内容】 连环替代法。

【实训资料】 金星金属制品有限责任公司生产的156L镀锌桶，本月份产量及其他有关材料费用的资料如表6-4所示。

表6-4　　产量及其他有关资料

××年3月　　单位：元

项　目	计划数	实际数
产品产量（件）	200	220
单位产品材料消耗量（千克）	30	28
材料单价	500	480
材料费用		

【实训要求】根据上述资料，采用连环替代法分析各种因素变动对材料费用的影响程度。

实　训　四

【实训内容】成本报表的分析。

【实训资料】金星金属制品有限责任公司生产五种产品，有关产品产量及单位成本资料如表 6 – 5 所示。

表 6 – 5　　　　产量及单位成本资料

××年3月

产品类别		实际产量（件）	计划单位成本（元）	实际单位成本（元）
可比产品	147L 镀锌桶	200	150	162
	106L 镀锌桶	300	200	180
	136L 镀锌桶	800	1 200	1 150
不可比产品	176L 镀锌桶	260	380	400
	196L 镀锌桶	400	760	750

【实训要求】根据上述资料，按产品批别计算企业全部商品产品成本计划的完成情况，并将计算结果填入表 6 – 6 中所示。

表 6 – 6　　　　全部商品产品成本计划完成情况分析表

××年3月

产品名称		总成本		差异	
		按计划计算	按实际计算	降低额（元）	降低率
可比产品	147L 镀锌桶				
	106L 镀锌桶				
	136L 镀锌桶				
	小计				
不可比产品	176L 镀锌桶				
	196L 镀锌桶				
	小计				
合　计					

实　训　五

【实训内容】成本报表的分析。

【实训资料】金星金属制品有限责任公司3月份生产的197L、257L、290L、347L镀锌桶有关资料如表6-7所示。

表6-7　　产量及单位成本资料

××年3月

产品名称	产量（件）		单位成本（元）		
	计划	实际	上年实际	本年计划	本年实际
197L镀锌桶	2 000	2 300	1 000	980	990
257L镀锌桶	1 000	900	1 500	1 600	1 480
290L镀锌桶	5 600	6 000	3 000	2 900	2 800
347L镀锌桶	7 000	6 900	5 900	5 800	5 500

【实训要求】根据上述资料对可比产品成本降低任务完成情况进行分析，并将计算结果填入表6-8至表6-10中。

表6-8　　可比产品成本计划降低任务

××年3月

可比产品	计划产量	单位成本		总成本		降低任务	
		上年	计划	上年	计划	降低额	降低率
197L镀锌桶							
257L镀锌桶							
290L镀锌桶							
347L镀锌桶							
合　计							

表6-9　　可比产品成本实际完成情况

××年3月

可比产品	实际产量	单位成本			总成本			降低任务	
		上年	计划	实际	上年	计划	实际	降低额	降低率
197L镀锌桶									
257L镀锌桶									
290L镀锌桶									
347L镀锌桶									
合　计									

表 6-10 可比产品成本降低任务完成情况分析

××年3月

影响因素				计算方法	
顺序	产量	品种构成	单位成本	降低额	降低率
(1)	计划	计划	计划		
(2)	实际	计划	计划		
(3)	实际	实际	计划		
(4)	实际	实际	实际		
各因素的影响： 产量因素的影响 品种构成因素的影响 单位成本构成因素的影响 合　计					

五、案例分析题

黄河电子设备厂主要生产空调、冰箱、冰柜等产品，产品畅销全国各地，该企业注册资金7 000万元。本月由于BCD-188ZM2D型号冰箱成本升高，因此对其采用差额法进行分析。有关资料如表6-11至表6-13所示。

表 6-11 主要产品单位成本资料表 金额单位：元

成本项目	上年实际平均	本年计划	本年实际
直接材料	3 300	3 350	3 400
直接人工	1 500	1 500	1 480
制造费用	600	600	620
合计	5 400	5 450	5 500

表 6-12 直接材料计划与实际成本对比表

项目	材料消耗数量（千克）	材料价格（元/千克）	直接材料成本（元）
本年计划	200	16.75	3 350
本月实际	170	20.00	3 400

表 6-13 直接人工成本计划与实际对比表 金额单位：元

项目	单位产品所耗工时	每小时工资成本	直接人工成本
本年计划	15	100	1 500
本月实际	11.84	125	1 480
直接人工成本差异	-3.16	+25	-20

请根据案例资料回答下列问题：

(1) 从主要产品单位成本表可以看出，该产品单位成本中的直接材料成本本月实际比本年计划超支(　　)元。

A. 50　　B. 30

C. 3.25　　D. 70

(2) 从 BCD－188ZM2D 型号冰箱的单位成本表和直接人工成本计划与实际对比表可以看出，该产品单位成本中的直接人工成本本月实际比本年计划(　　)元。

A. －20　　B. 20

C. 25　　D. －25

(3) 材料消耗数量变动对直接材料的影响是(　　)。

A. －502.5 万元　　B. －552.5 万元

C. 502.5 元　　D. 552.5 元

(4) 材料价格变动对直接材料的影响(　　)。

A. －502.5 万元　　B. －552.5 万元

C. 502.5 元　　D. 552.5 元

(5) 单位产品所耗工时变动对直接人工的影响是(　　)。

A. ＋296 元　　B. －296 元

C. －316 元　　D. 316 元

(6) 每小时工资成本变动对直接人工的影响是(　　)。

A. ＋296 元　　B. －296 元

C. －316 元　　D. 316 元

(7) 构成比率指标直接材料占单位产品成本的比重是(　　)。

A. 61.82%　　B. 71%

C. 14%　　D. 55%

(8) 单位产品成本超支的主要原因是由于(　　)。

A. 材料价格上升　　B. 工时工资降低影响

C. 制造费用增加影响　　D. 工时增加影响

单元七
非制造行业的成本构成及计算方法

一、单项选择题

1. (　　)是指从事建筑工程、安装工程和其他专业施工活动的工程施工单位，又称为“建筑安装企业”。

A. 施工企业　　B. 工业企业
C. 商品流通企业　　D. 第三产业

2. 建筑安装工程(　　)为成本核算对象。

A. 以分部位的工程作为成本核算对象
B. 以每一独立编制施工图预算的单位工程
C. 以相接近的若干个单位工程，可合并成为一个
D. 以上都对

3. (　　)是指通过低价格购进商品、高价格出售商品的方式实现商品进销差价，以此弥补企业的各项费用和支出，获得利润的企业。

A. 施工企业　　B. 工业企业
C. 商品流通企业　　D. 第三产业

4. (　　)是指从事农、林、牧、副、渔业等生产经营活动，具备较高的商品率，实行自主经营，独立经济核算，具有法人资格的营利性的经济组织。

A. 农业企业　　B. 工业企业
C. 商品流通企业　　D. 施工企业

5. 交通运输企业要按照财政部和交通运输部颁布的(　　)组织成本核算。

A. 企业会计准则　　B. 交通运输企业成本费用管理核算办法
C. 交通法　　D. 会计法

6. 下列(　　)应该计入交通运输企业的成本。

A. 营运成本　　B. 管理费用
C. 财务费用　　D. 销售费用

7. 交通运输企业应该设置(　　)账户。

A. “生产成本”　　B. “运输支出”
C. “研发支出”　　D. 以上都可以

8. (　　)就是采购商品的进货原价。

A. 商品采购成本　　B. 营业费用
C. 商品存货成本　　D. 商品的销售成本

9. (　　)是指已销商品的进价成本。

A. 商品采购成本　　B. 营业费用

C. 商品存货成本　　D. 商品的销售成本

10. (　　)账户用来核算企业进行建筑安装工程施工所发生的各项费用支出。

A. “工程施工”　　B. “机械作业”

C. “辅助生产成本”　　D. “管理费用”

二、多项选择题

1. 建筑安装工程成本由(　　)成本项目组成。

A. 人工费　　B. 材料费

C. 机械使用费　　D. 其他直接费和管理费

2. 施工企业成本核算的特点有(　　)。

A. 以单位工程作为成本计算对象

B. 按月定期计算工程成本

C. 施工费用需在已完工程和未完工程之间进行分配

D. 成本计算期不固定

3. 施工企业机械使用费的分配方法主要有(　　)。

A. 台班分配法　　B. 作业量法

C. 定额费用比例分配法　　D. 计划分配率法

4. 与工业企业等其他行业企业的经营活动相比较，商品流通企业有(　　)特点。

A. 经营活动的主要内容是商品购销

B. 商品资产在企业全部资产中占有较大的比例，是企业资产管理的重点

C. 企业主要资金运动是按“货币→商品→货币”规律不断地循环和周转

D. 有“购→产→销”环节

5. 以下(　　)不应计入商品流通企业的成本。

A. 进价　　B. 进货装卸费

C. 储运费用　　D. 销售费用

6. 农业企业的特点有(　　)。

A. 土地是农业生产的重要生产资料，是农业生产的基础

B. 农业生产具有明显的季节性和地域性，劳动时间与生产时间的不一致性，生产周期长

C. 农业生产中部分劳动资料和劳动对象可以相互转化，部分产品可作为生产资料重新投入生产

D. 农业生产不仅在经营上实行一业为主、多种经营，而且在管理上实行联产承包、统分结合、双层经营的体制

7. 农产品成本由(　　)构成。

A. 直接材料　　B. 直接工资

C. 其他直接支出　　D. 间接费用

8. 以下(　　)应该记入农业企业的间接费用。

A. 直接材料　　B. 直接工资

C. 劳动保护费　　D. 土地开发费摊销

9. 交通运输企业有(　　)特点。

A. 运输过程的流动性　　B. 运输产品的特殊性

C. 比较危险　　D. 比较安全

10. 交通运输企业的运营成本由(　　)组成。

A. 材料费　　B. 人工费

C. 其他费用　　D. 管理费用

三、判断题

1. 一个单位工程由几个施工单位共同施工时，各施工单位都应以同一单位工程为成本核算对象，各自核算自行完成的部分。（　　）

2. 建筑安装工程施工过程中发生的周转材料摊销及租赁费用应计入管理费用。（　　）

3. 如果施工工程规模较大、施工周期长，企业可以将已完成预算定额规定的一定组成部分的工程作为“完工工程”进行成本计算；对于尚未达到预算定额规定部分的工程，则作为未完工程进行成本计算。（　　）

4. 如果多项工程共同耗用一项要素费用，要选择适当方法，在各项工程之间进行合理分摊后，计入各施工成本。（　　）

5. 商品流通企业购进和销售是完成商品流通的关键业务。（　　）

6. 商品流通企业营运中资金运动是按“商品→货币→商品”规律不断地循环和周转。（　　）

7. 商品采购成本就是采购商品的进货原价和购进商品的进货费用。（　　）

8. 已销商品成本的核算可以采用顺序算法，即先确定商品单位进价成本后，确定商品销售成本或期末商品存货成本。（　　）

9. 农业企业由于受天气、季节因素影响较大，由此而产生生产淡季、旺季，因此，发生的费用不能用同样的办法处理。（　　）

10. 农业企业的直接工资费是指农业企业直接从事生产经营人员的工资、奖金、津贴和补贴。（　　）

11. 交通运输企业的成本计算对象不是产品，而是旅客和货物的运输项目。（　　）

12. 交通企业的运输周期与制造生产相比要短得多，在成本计算期（一般按月）末没有或很少有未完成运输工作量，一般不存在将营运费用划分为当期营运成本和下期运营成本的问题，也没有在产品成本。（　　）

13. 交通运输企业在计算营运成本时，就是汇集、分配与营运生产直接相关的各项支出和管理费用、财务费用等。（　　）

14. “运输支出”账户核算运输企业经营旅客和货物运输所发生的各项费用支出。企业在营运过程中发生的各项费用，能直接计入各成本项目的费用，借记“运输支出”账户，贷记“燃料”、“材料”、“应付职工薪酬”等有关账户。（　　）

15. 交通运输业的生产过程也就是其销售过程，交通运输成本即为销售成本。（　　）

四、案例分析题

王智是广发公司的会计，因其业务能力强，且公司规模较小，被财务科长指派，担任出纳及费用账簿的登记工作。任职期间，王智采用编造、伪造原始凭证，涂改账簿等方式，贪污公款 60 万元，三年后才被公司发现。

请根据案例回答下列问题：

1. 王智违反了哪些会计职业道德要求？

2. 哪些单位或部门可以对王智违反会计职业道德的行为进行处理？请说明原因。

3. 广发公司的财务管理工作存在什么问题？

2 第二部分 模拟试题

模拟试题（一）

一、名词解释（每题3分，共15分）

1. 成本会计

2. 成本核算

3. 约当产量法

4. 辅助生产

5. 在产品

二、简答题（每题5分，共15分）

1. 简述产品成本核算的一般程序。

2. 生产费用在完工产品和在产品之间分配的方法有哪些？确定采用什么方法时应考虑哪些具体条件？

3. 辅助生产费用分配的特点是什么？常用的辅助生产费用分配方法有哪些？

三、单项选择题（每题1分，共10分）

1. 成本会计的基本任务和中心环节是(　　)。

A. 进行成本预测，编制成本计划

B. 审核和控制各项费用的支出

C. 进行成本核算，提供真实有用的核算资料

D. 参与企业的生产经营决策

2. 下列各项中属于费用要素的是(　　)。

A. 直接材料　　B. 直接人工

C. 外购材料　　D. 废品损失

3. 下列各项中应计入制造费用的是(　　)。

A. 构成产品实体的原材料费用　　B. 产品生产工人工资

C. 车间管理人员工资　　D. 工艺用燃料费用

4. 用于生产产品构成产品实体的原材料费用，应记入(　　)账户。

A. “基本生产成本”　　B. “制造费用”

C. “废品损失”　　D. “营业费用”

5. 生产车间耗用的机物料费用，应贷记“原材料”账户，借记(　　)账户。

A. “基本生产成本”　　B. “管理费用”

C. “辅助生产成本”　　D. “制造费用”

6. 辅助生产费用的直接分配法，是将辅助生产费用(　　)。

A. 直接计入基本生产成本的方法

B. 直接计入辅助生产成本的方法

C. 直接分配给辅助生产以外的各受益单位的方法

D. 直接分配给所有受益单位的方法

7. 各月月末在产品数量很小的产品，生产费用在完工产品与在产品之间分配宜采用(　　)。

A. 不计算在产品成本法　　B. 按年初数固定计算在产品成本

C. 按所耗原材料费用计算在产品成本　　D. 按定额成本计算在产品成本

8. 产品所耗原材料费用在生产开始时一次投料，其完工产品与月末在产品的原材料费用，应按完工产品和月末在产品的(　　)比例分配计算。

A. 所耗原材料数量　　B. 在产品约当产量

C. 在产品数量之半　　D. 完工产品与在产品数量

9. 下列方法中不属于完工产品与月末在产品之间分配费用的方法是(　　)。

A. 约当产量比例法　　B. 不计算在产品成本法

C. 年度计划分配率分配法　　D. 定额比例法

10. 辅助生产费用的交互分配法，一次交互分配时是在(　　)。

A. 各受益单位之间进行分配

B. 相互受益的辅助生产之间进行分配

C. 辅助生产以外的受益单位之间进行分配

D. 各受益的基本车间之间进行分配

四、多项选择题（每题2分，共20分）

1. 成本的主要作用在于(　　)。

A. 是补偿生产耗费的尺度

B. 是综合反映企业工作质量的重要指标

C. 是企业对外报告的主要内容

D. 是制定产品价格的重要因素和进行决策的重要依据

2. 下列各项中属于直接计入费用的有(　　)。

A. 几种产品共同消耗的辅助材料费用　　B. 几种产品共同负担的制造费用

C. 一种产品消耗的原材料费用　　D. 一种产品消耗的生产工人工资

3. 生产经营过程中领用的材料，按照用途进行归类，生产产品耗用、生产车间耗用、企业行政管理部门耗用，应分别记入(　　)账户。

A. “基本生产成本”　　B. “制造费用”

C. “管理费用”　　D. “营业费用”

4. 计入产品成本的各种工资，按其用途应分别借记(　　)账户。

A. “销售费用”　　B. “基本生产成本”

C. “制造费用”　　D. “管理费用”

5. 应计提折旧的固定资产包括(　　)。

A. 房屋建筑物　　B. 在用的机器设备

C. 季节性停用和修理停用的设备　　D. 经营租赁方式租入的固定资产

6. 本月应计提折旧的固定资产有(　　)。

A. 使用的机器设备　　B. 本月增加的固定资产

C. 本月减少的固定资产　　D. 融资租赁方式租入的固定资产

7. 生产费用在完工产品与在产品之间分配的方法有(　　)。

A. 约当产量比例法　　B. 定额比例法

C. 交互分配法　　D. 不计算在产品成本法

8. 完工产品与在产品之间分配费用，采用在产品按固定成本计价法，适用于(　　)的产品。

A. 各月末在产品数量很大

B. 各月末在产品数量较小

C. 各月末在产品数量变化较大

D. 各月末在产品数量虽大，但各月之间变化不大

9. 采用按定额成本计算在产品成本法分配完工产品和月末在产品费用，应具备下列条件(　　)。

A. 定额管理基础较好　　B. 各项消耗定额变动较大

C. 各月末在产品数量变化较小　　D. 各月末在产品数量变化较大

10. 采用约当产量比例法，必须正确计算在产品的约当产量，而在产品约当产量正确与否，取决于在产品完工程度的测定，测定在产品完工程度（完工率）的方法有(　　)。

A. 定额工时

B. 按50%平均计算各工序完工率（完工程度）

C. 分工序分别计算完工率（完工程度）

D. 按定额比例法计算

五、判断题（每题1分，共10分）

1. 成本预测和计划是成本会计的基本任务和中心环节。(　　)
2. 企业生产经营的原始记录，是进行成本核算和管理的依据。(　　)
3. 在只生产一种产品的企业或车间中，全部生产费用均属于直接计入费用。(　　)
4. 期间费用不计入产品成本，应直接计入当期损益。(　　)
5. 用于几种产品生产共同耗用的，构成产品实体的原材料费用，可以直接计入产品成本。(　　)
6. 固定资产折旧费是产品成本的组成部分，应该全部计入产品成本。(　　)
7. 制造费用大部分是间接用于产品生产的费用。(　　)
8. 由于自然灾害造成的非常损失，应收保险赔款部分转入“其他应收款”账户，其余转入“营业外支出”账户。(　　)
9. 采用按年初数固定计算在产品成本法时，某种产品本月发生的生产费用就是本月完工产品的成本。(　　)
10. 直接分配法、约当产量比例法、定额比例法等都是完工产品与月末在产品之间分配费用的方法。(　　)

六、业务核算题（每题5分，共30分）

兴隆食品厂本月生产夹心饼干、韧性饼干两种产品，其发生的相关费用如下：

1. 领用材料17 360元，其中夹心饼干、韧性饼干各耗用450千克、250千克。

2. 生产工人工资56 100元，其中夹心饼干、韧性饼干的生产工时为3 000、2 000；车间管理人员工资为6 600元，行政管理人员工资为16 000元。

3. 本月发生制造费用36 000元。

4. 完工产品数量为：夹心饼干720千克，韧性饼干600千克；

月末在产品数量为：夹心饼干100千克，韧性饼干50千克；

材料在生产开始时一次投入，在产品完工程度为50%。

要求：

1. 按饼干的耗用量比例分配材料费用，并进行账务处理。

2. 按生产工时比例分配工资费用，并进行账务处理。

3. 按生产工时比例分配制造费用，并进行账务处理。

4. 计算月末在产品的约当产量。

5. 采用约当产量法计算完工产品和月末在产品的成本。

6. 对完工产品入库进行账务处理。

模拟试题（二）

一、名词解释（每题3分，共15分）

1. 产品成本计算的分批法

2. 成本还原

3. 成本报表

4. 可比产品

5. 定额成本

二、简答题（每题5分，共15分）

1. 什么是产品成本计算的品种法？其特点和适用范围是什么？

2. 成本报表的编制要求是什么？它作为内部报表有哪些特点？

3. 企业生产特点和管理要求对产品成本计算的影响主要表现在哪些方面？

三、单项选择题（每题1分，共20分）

1. 下列各项中，属于产品成本计算辅助方法的是(　　)。
A. 品种法　　B. 分批法
C. 分步法　　D. 分类法
2. 区别各种产品成本计算基本方法的标志是(　　)。
A. 成本计算期间　　B. 成本计算对象
C. 间接计入费用的分配方法　　D. 在产品费用的分配方法
3. 分类法是在产品品种、规格繁多，但可按一定标准对产品进行分类的情况下，为了(　　)而采用的。
A. 计算各类产品成本　　B. 简化成本计算工作
C. 加强各类产品成本管理　　D. 提高计算的准确性
4. 下列方法中，属于不计算半成品成本的分步法是(　　)。
A. 逐步结转法　　B. 综合结转法
C. 分项结转法　　D. 平行结转法
5. 联产品是指(　　)。
A. 一种材料加工出的几种主要产品　　B. 一种材料加工出的主要产品和副产品
C. 一种材料加工出的不同质量产品　　D. 不同材料加工出的不同产品
6. 产品成本计算分类法的特点是(　　)。
A. 按照产品品种计算成本
B. 按照产品类别计算成本
C. 按照产品类别归集费用，类内各种产品的各种费用均采用分配方法分配计算
D. 按照产品类别归集费用，类内各种产品的直接计入费用直接计入，间接计入费用采用分配方法分配计入
7. 企业成本报表的种类、项目、格式和填列方法，应由(　　)确定。
A. 企业所有者　　B. 企业管理者
C. 财政部　　D. 税务局
8. 按产品种类反映的产品生产成本表中本月实际产量应根据(　　)填列。
A. 产品成本明细账　　B. 成本计划
C. 上年实际产量　　D. 本年累计平均月产量
9. 按成本项目反映的产品生产成本中，本年计划数应根据(　　)填列。
A. 本年累计数　　B. 本年计划有关资料
C. 本年实际数　　D. 上年数
10. 主要产品单位成本表中，产品销售单价应根据(　　)填列。
A. 产品定价表　　B. 产品成本明细账
C. 产品成本汇总表　　D. 本月实际单价

四、多项选择题（每题2分，共20分）

1. 产品成本计算的基本方法包括(　　)。

A. 品种法　　B. 分类法
C. 分批法　　D. 分步法

2. 采用分步法，计算各步骤半成品成本是(　　)。
A. 成本计算的需要
B. 成本控制的要求
C. 对外销售的需要
D. 全面考核和分析成本计划执行情况的要求

3. 平行结转分步法的特点是(　　)。
A. 各生产步骤不计算半成品成本，只计算本步骤所发生的生产费用
B. 各步骤间不结转半成品成本
C. 各步骤应计算本步骤所发生的生产费用中应计入产成品成本的“份额”
D. 将各步骤应计入产品成本的“份额”平行结转，汇总计算产成品的总成本和单位成本

4. 品种法适用于(　　)。
A. 大量生产　　B. 小批生产
C. 单步骤生产　　D. 多步骤生产

5. 采用分类法时，本类完工产品成本在类内各种产品之间分配的标准可能包括(　　)。
A. 产品的体积　　B. 产品的重量
C. 定额费用　　D. 产品的售价

6. 下列各项中，属于定额法应具备的条件有(　　)。
A. 定额管理基础较好　　B. 各项消耗定额比较准确、稳定
C. 各月在产品数量变化不大　　D. 各月在产品数量变化较大

7. 成本报表一般包括(　　)。
A. 产品生产成本表　　B. 主要产品单位成本表
C. 制造费用明细表　　D. 期间费用明细表

8. 成本报表的作用是(　　)。
A. 分析、考核企业成本计划执行情况　　B. 为提高企业管理水平提供数据
C. 对外报告成本信息　　D. 为企业进行经营决策提供信息

9. 主要产品单位成本表的格式一般可分设(　　)三个部分。
A. 单位成本　　B. 总成本
C. 主要技术经济指标　　D. 产量

10. 影响产品单位成本中工资费用变动的因素有(　　)。
A. 单位产品工时消耗　　B. 产品工时定额
C. 工人出勤率　　D. 小时工资率

五、判断题（每题1分，共10分）

1. 品种法是一种最基本的成本计算方法。　　(　　)
2. 产品成本计算方法，按其对成本管理作用的大小，分为基本方法和辅助方法。
(　　)

3. 不论什么工业企业，不论什么生产类型的产品，也不管要求如何，最终都必须按照产品品种计算出产品成本。（ ）

4. 成本还原的对象是产成品成本。（ ）

5. 无论副产品所占的比重如何，都应将其单独进行成本核算。（ ）

6. 定额法不仅是一种产品成本计算方法，还是一种产品成本控制方法。（ ）

7. 对副产品进行合理的计价，是正确计算主副产品成本的关键。（ ）

8. 定额法的优点是较其他成本计算方法核算工作量要小。（ ）

9. 不可比产品是指上年没有正式生产过，没有上年成本资料的产品。（ ）

10. 比较分析法只适用于同质指标的数量对比。（ ）

六、业务核算题（每题 10 分，共 30 分）

1. 11 月份，湖滨包装有限公司一车间生产完工果汁桶 3 300 只，验收入库时发现有 15 只是可修复废品。本月修复果汁桶领用外涂（材料）260 元，实际耗用工时 60 小时，小时工资费用分配率为 12 元，小时制造费用分配率为 9 元，经修复果汁桶已验收入库。按规定本月发生的 15 件可修复废品应由操作工人王强赔偿 200 元。

要求：归集可修复废品的修复费用，确认责任人赔款，并进行账务处理。

2. 红叶包装有限公司本月发生辅助生产费用情况如下：修配车间费用 9 080 元；供电车间费用 4 100 元。辅助生产车间供应的对象和数量如下表：

辅助生产车间提供劳务量汇总表

××年×月

受益对象		供电（度）	修配（小时）
辅助生产车间	供电车间		80
	修配车间	90	
生产产品——果汁桶		2 765	1 723
车间一般耗用		445	287
行政管理部门		70	260
合计		3 370	2 350

要求：

（1）采用直接分配法分配辅助生产费用。

（2）填制辅助生产费用分配表。

辅助生产费用分配表（直接分配法）

年　月　　　　单位：元

辅助生产部门名称			供电车间	修配车间	合计
待分配费用					
供应辅助生产部门以外单位的劳务量					
费用分配率					
应借账户	基本生产成本——果汁桶	耗用劳务量			
		应分配金额			
	制造费用——车间	耗用劳务量			
		应分配金额			
	管理费用	耗用劳务量			
		应分配金额			
分配金额合计					

（3）根据分配结果进行账务处理。

3. 立丰机械有限公司是一个生产小型农机产品的企业，其主要产品为小型玉米收割机，在生产过程中，该产品依次经过铸造、机加工、装配三个步骤完成，该公司采用综合逐步结转分步法计算产品成本。在装配车间产品成本明细账中，本月完工产品成本 153 600 元，所耗的机加工车间的半成品费用为 124 800 元是成本还原的对象。

要求：根据有关资料，列出计算过程，填制产品成本还原计算表。

产品成本还原计算表

产量：10 台　　　　××年×月　　　　金额单位：元

项目	还原分配率	自制半成品	直接材料	直接人工	制造费用	合计
①还原前产成品成本		124 800	—	9 600	19 200	153 600
②第二步骤半成品成本		56 000	—	20 000	28 000	104 000
③第一次成本还原			—			
④第一步骤半成品成本			50 000	5 000	15 000	70 000
⑤第二次成本还原						
⑥还原后产成品总成本						
⑦还原后产成品单位成本						

计算过程：

（1）根据计算公式计算成本还原分配率，进行第一次还原。

（2）根据计算公式计算成本还原分配率，进行第二次还原。

（3）填列还原后完工产品总成本⑥。

（4）填列还原后完工产品单位成本⑦。

3 第三部分 综合实训与练习

【实训内容】综合各个单元所学知识，完整进行产品成本的计算。

【实训资料】旺达食品厂是一家生产饼干的小型企业，主营饼干的生产和销售。该厂主要生产夹心饼干和韧性饼干，主要原料为面粉、植物油、鸡蛋、食糖等。该厂设置一个基本生产车间（一车间）生产饼干，还设有一个机修车间提供修理劳务。该企业原材料都在生产开始时一次投入，夹心饼干和韧性饼干共同耗用的材料按其定额消耗量比例分配；一车间生产工人工资、外购动力费用和制造费用按生产工时比例分配；辅助生产费用采用直接分配法分配；两种饼干均采用约当产量法计算完工产品和月末在产品成本。旺达食品厂 3 月份发生的经济业务及有关资料如下：

1. 3 月份的相关资料见表 1、表 2、表 3。

表 1 月初在产品成本

× ×年 3 月 单位：元

产品名称	直接材料	直接人工	制造费用	合计
夹心饼干	7 700	6 600	3 500	17 800
韧性饼干	8 200	2 100	2 300	12 600

表 2 产品生产情况通知单

× ×年 3 月

产品名称	单位	月初在产品	本月投产	本月完工	月末在产品	在产品完工率
夹心饼干	千克	2 600	7 400	8 000	2 000	50%
韧性饼干	千克	2 800	5 200	7 000	1 000	50%

表3　　　　定额消耗量、工时记录

部　门		生产工时（小时）	修理工时（小时）	定额消耗量（千克）
一车间	夹心饼干生产	4 900		5 700
	韧性饼干生产	3 100		4 300
	设备维修		700	
行政管理部门			200	
合　计		8 000	900	10 000

2. 根据发料凭证编制的“发料凭证汇总表”（见表4）。

表4　　　　发料凭证汇总表

××年3月　　　　单位：元

领用部门	用途	原材料、辅助材料	修理用备件	合计
一车间	生产夹心饼干、韧性饼干	11 000		11 000
一车间	生产夹心饼干	17 000		17 000
一车间	生产韧性饼干	25 000		25 000
机修车间			1 100	1 100
合　计		53 000	1 100	54 100

3. 根据电费结算清单及电表记录编制的外购动力费用分配表（见表5）。

表5　　　　外购动力费用耗用表

××年3月　　　　单位：元

部门	耗电量（度）	单价	金额
一车间生产产品	15 500	1.10	17 050
一车间照明	1 000	1.10	1 100
机修车间	6 100	1.10	6 710
行政管理部门	5 000	1.10	5 500
	27 600		30 360

4. 根据工资结算表编制的“职工薪酬分配表”（见表6）。

表6　　　　职工薪酬分配表

××年3月　　　　单位：元

部门	用途	应发工资
一车间	生产夹心饼干	43 000
	生产韧性饼干	26 000
	管理人员	5 300
机修车间		6 600
管理部门		3 200
合计		84 100

5. 根据有关车间和部门的固定资产折旧一览表编制的“固定资产折旧计算表”（见表7）。

表 7

固定资产折旧计算表

××年 3 月 30 日

使用部门、类别		原值	上月折旧额	本月增加折旧额	本月减少折旧额	本月应计折旧额
一车间	厂房	400 000	12 000			12 000
	设备	60 000	3 600	500		4 100
机修车间		11 000	660		200	460
管理部门		90 000	2 700			2 700
合计		101 000	18 960	500	200	19 260

6. 根据其他费用凭证，编制其他费用分配汇总表（见表 8）。

表 8

其他费用分配汇总表（转账支付）

××年 3 月 30 日

单位：元

部门	办公费用	其他费用	金额
一车间	4 000	11 000	15 000
机修车间	3 000	2 200	5 200
管理部门	7 000		7 000
合 计	14 000	13 200	27 200

【训练要求】

1. 根据上述资料，开设基本生产成本明细账、辅助生产成本明细账、制造费用明细账，登记期初余额；

2. 编制各种费用分配表，填制相关的记账凭证并登记账簿；

3. 计算夹心饼干、韧性饼干的完工产品总成本和单位成本。

【训练步骤】

第一步，建账。登记基本生产成本明细账、辅助生产成本明细账、制造费用明细账的期初余额（表 9 至表 12）。

表 9

基本生产成本明细账

产品名称：夹心饼干

单位：元

年		凭证字号	摘 要	直接材料	直接人工	制造费用	合计
月	日						

表 10 基本生产成本明细账

产品名称：韧性饼干　　单位：元

年		凭证字号	摘　要	直接材料	直接人工	制造费用	合计
月	日						

表 11 辅助生产成本明细账

车间名称：　　单位：元

年		凭证字号	摘 要	借　方						贷方	余额
月	日			机物料消耗	职工薪酬	折旧费	办公费	水电费	合计		

表 12 制造费用明细账

车间名称：一车间　　单位：元

年		凭证字号	摘 要	借　方						贷方	余额
月	日			职工薪酬	折旧费	办公费	水电费	修理费	合计		

第二步，根据发料凭证汇总表（见表4）编制“材料费用分配表”（表13）并填制记账凭证（表14，假定为记字77号），登记基本生产成本明细账（表9、表10）、辅助生产成本明细账（表11）。

表13

材料费用分配表

年 月 日

单位：元

应借科目			直接计入	分配计入			合计
总账科目	明细科目	成本项目		定额消耗量	分配率	分配额	
基本生产成本	夹心饼干	直接材料					
	韧性饼干	直接材料					
	小计						
辅助生产成本	机修车间	机物料消耗					
合计							

表14

记账凭证

年 月 日 字第 号

摘要	借方		贷方		借方金额									√	贷方金额									记账
	总账科目	子细目	总账科目	子细目	百	十	万	千	百	十	元	角	分		百	十	万	千	百	十	元	角	分	

会计主管 记账 复核 制单 附件 张

第三步，根据职工薪酬分配表，填制记账凭证（表15，假定为记字78号），登记基本生产成本明细账（表9、表10）、辅助生产成本明细账（表11）、制造费用明细账（表12）。

表 15

记账凭证

年 月 日 字第 号

摘要	借方		贷方		借方金额									√	贷方金额									记账
	总账科目	子细目	总账科目	子细目	百	十	万	千	百	十	元	角	分		百	十	万	千	百	十	元	角	分	

会计主管 记账 复核 制单 附件 张

第四步，根据外购动力费用耗用表，分配两种产品共同耗用的外购动力费用，编制外购动力分配表（表16），填制记账凭证（表17，假定为记字79号），登记基本生产成本明细账（表9、表10）、辅助生产成本明细账（表11）、制造费用明细账（表12）。

表 16

外购动力费用分配表

年 月 日 单位：元

应借科目			直接计入	分配计入			合计
总账科目	明细科目	成本项目		生产工时	分配率	分配额	
基本生产成本	夹心饼干	直接材料					
	韧性饼干	直接材料					
	小 计						
制造费用	一车间	水电费					
辅助生产成本	机修车间	水电费					
管理费用	水电费						
合 计							

表 17

记账凭证

年　月　日　　　　　　　　字第　　号

摘要	借方		贷方		借方金额									√	贷方金额									记账
	总账科目	子细目	总账科目	子细目	百	十	万	千	百	十	元	角	分		百	十	万	千	百	十	元	角	分	

会计主管　　　　记账　　　　复核　　　　制单　　　　附件　　张

第五步，根据固定资产折旧计算表，填制记账凭证（表 18，假定为记字 80 号）、辅助生产成本明细账（表 11）、制造费用明细账（表 12）。

表 18

记账凭证

年　月　日　　　　　　　　字第　　号

摘要	借方		贷方		借方金额									√	贷方金额									记账
	总账科目	子细目	总账科目	子细目	百	十	万	千	百	十	元	角	分		百	十	万	千	百	十	元	角	分	

会计主管　　　　记账　　　　复核　　　　制单　　　　附件　　张

第六步，根据其他费用分配汇总表，填制记账凭证（表 19，假定为记字 81 号），登记辅助生产成本明细账（表 11）、制造费用明细账（表 12）。

表 19

记账凭证

年 月 日　　　　　　　　　　字第 号

摘要	借方		贷方		借方金额									√	贷方金额									记账
	总账科目	子细目	总账科目	子细目	百	十	万	千	百	十	元	角	分		百	十	万	千	百	十	元	角	分	

会计主管　　　　记账　　　　复核　　　　制单　　　　附件　　张

第七步，根据辅助生产费用明细账中归集的辅助生产费用，采用直接分配法分配辅助生产费用，编制辅助生产费用分配表（表 20），填制记账凭证（表 21，假定为记字 82 号），登记辅助生产成本明细账（表 11）、制造费用明细账（表 12）。

表 20　　　　辅助生产费用分配表

年 月　　　　　　单位：元

辅助生产车间	待分配费用	分配劳务量	分配率	分配金额			
				一车间		管理部门	
				数量	金额	数量	金额
机修车间							

表 21

记账凭证

年 月 日　　　　　　字第　　号

摘要	借方		贷方		借方金额									√	贷方金额									记账
	总账科目	子细目	总账科目	子细目	百	十	万	千	百	十	元	角	分		百	十	万	千	百	十	元	角	分	

会计主管　　　　记账　　　　复核　　　　制单　　　　附件　　张

第八步，根据制造费用明细账中归集的制造费用，编制制造费用分配表（表 22），填制记账凭证（表 22，假定为记字 83 号），登记基本生产成本明细账（表 9、表 10）、制造费用明细账（表 12）。

表 22

制造费用分配表

年 月　　　　　　单位：元

产品名称	生产工时	分配率	分配金额
夹心饼干			
韧性饼干			
合计			

表 23

记账凭证

年 月 日　　　　　　　　　　字第 号

摘要	借方		贷方		借方金额									√	贷方金额									记账
	总账科目	子细目	总账科目	子细目	百	十	万	千	百	十	元	角	分		百	十	万	千	百	十	元	角	分	

会计主管　　　　记账　　　　复核　　　　制单　　　　附件　　张

第九步，汇总生产费用，采用约当产量法将归集的生产费用在完工产品和在产品之间进行分配，计算出完工产品和月末在产品成本，编制完工产品成本汇总表（表 24），填制记账凭证（表 25，假定为记字 84 号），登记基本生产成本明细账（表 9、表 10）。

表 24

完工产品成本汇总表

年 月 日　　　　　　　　单位：元

产品名称	完工产量	计量单位	直接材料	直接人工	制造费用	总成本	单位成本
夹心饼干							
韧性饼干							
合计	—	—					—

表 25

记账凭证

年　月　日　　　　　　　　字第　　号

摘要	借方		贷方		借方金额									√	贷方金额									记账
	总账科目	子细目	总账科目	子细目	百	十	万	千	百	十	元	角	分		百	十	万	千	百	十	元	角	分	

会计主管　　　　　　记账　　　　　　复核　　　　　　制单　　　　　　附件　　　张